JN307245

書下ろし

セレブのスマート節約術

臼井由妃

祥伝社黄金文庫

本書は、祥伝社黄金文庫のために書き下ろされた。

まえがき

節約はもっとも確実でしたたかな投資戦略

「セレブの節約術」と聞いて、「えっ？　セレブも節約するの？」と、疑問を感じた方も多いのではないでしょうか。

私たちがセレブに抱くイメージは、豪華な衣装や宝飾品を身につけ、パーティー三昧《ざんまい》の生活をおくり、お金に糸目をつけず買い物をする。別荘に、クルーザー、高級外車……といった、華やかなもの。節約とは無縁の生活をしていると、思うのも無理はありませんね。しかし、セレブだって節約をします。

ただし、「トイレのタンクに水入りのペットボトルをいれて水道代を節約する」とか、「お一人様1個限りの特売品目当てに、開店前からスーパーに並ぶ」といった、いろいろなお得情報に通じ、それらを実践することとはまったく違います。

世間で言われている節約が、もう少し貯金を増やしたい、毎月の出費を少しでも少なくしたいと躍起《やっき》になって知恵を絞るのに対して、セレブの節約は、あくまでも優雅に、自分のライフスタイルに合ったもので暮らす、「贅肉《ぜいにく》のない贅沢」。

本当に必要なものは、無理をしてでもあるいはじっくり時間をかけてでも手に入れ、とことん大事に使いこなす。我慢やみじめさ、もの惜しみなど、ネガティブなイメージがない、優雅で知的で肩に力の入らない上質な生き方です。

お金に困らないセレブが、なぜ節約をするのでしょうか？

それはお金にも暮らしにも細やかな思いを込めることができないと、お金は知らず知らずのうちに出ていくだけで、豊かさを実感できないからです。

お金があっても、心が貧しくなる。そんな生き方はあまりにももったいないと、彼らは知っているのです。

「見せびらかしのラグジュアリーさ」を、「セレブ」の象徴のように、感じている方もいるでしょう。

しかし、本物のセレブには、品のあるお金の使い方や、教養、慈善《じぜん》行為などが伴っています。品格と透明感が備わってこそ、セレブなのです。

彼らは、節約したお金を眺めて一喜一憂したり、貯金通帳を眺めては悦《えつ》に入ったり、といった行動はとりません。

セレブが求める節約術とは、
◎管理能力を超えるものは求めない
◎愛着の湧《わ》くもの以外は持たない
◎自分のライフスタイルに似合わないものは持たない
◎次の時代に残せないものや、素性の怪しいものは求めない
という、潔さをもったものです。

私が、この事実に気づいたのは仕事で香港やシンガポール、アメリカ、ヨーロッパなどを回り、多くの本物のセレブにお会いしてから。
生まれながらお金に恵まれている人がいたり、事業で成功をおさめた人もいたり、そのバックグラウンドはさまざまですが、お金にも人にも運にも恵まれた生活を続けているセレブたちは必ずと言っていいほど、独自のマネーセンスを持っています。

彼らは、節約で得たお金や時間といったものを、賢く次のステップに活かします。マネーセンスを武器に、あらゆるものを生み出すのです。オーストラリアや、台湾、香港、ハワイなどに家を持ち、クルーザーやジェット機を所有する、セレブを絵にかいたような貿易商の言葉は、彼らの考え方を象徴すると思います。

「節約は、もっとも確実でしたたかな投資戦略だよ」

それまで、事業で得たお金を、賢く運用していると自負していた私は、この言葉に愕然《がくぜん》としました。そして、節約にネガティブな印象しかなかった私は、その日から自分の生活を見直したのです。

節約本の発想では失敗する

私が生活を見直した当時も今も、節約といえば、生活コストの削減を目指すもの。節約をすればするほど、お金がかからなくなる＝貯金の額が増えるといった考え方をするのが普通です。書店に行けば、いわゆる節約本がたくさん置かれています。

主婦向けの雑誌には「食費を1カ月2万円台にするコツ」だとか「光熱費カットの裏ワザ」といった類の特集が組まれ、それらを実践する人も多いといえます。

雇用の面などで不安が大きい現在では、主婦といわず、防衛本能の優れた人ならば節約に無関心な人はいないでしょう。

しかし、むやみに食費を切り詰めれば、健康を害することもありますし、節約とは名ばかりの、手間の塊にしか過ぎないものもあります。

節約をしたつもりが、お金も時間もかえってかかるうえに、自分だけでなく、家族や周囲の人に我慢を強いて、心を貧しくさせることもあるのです。

その反動で、家族の間にいざこざが起こったり、何でもない普段の日に一流レストランでごちそうを食べたり、ストレスを解消するために、高価なブランド物を購入したり。

節約しているようで、お金の使い方が無造作で無神経。

節約し、お金は貯まっても心は満たされない。

―いわゆる節約本の発想では失敗する―

どこかちぐはぐな節約術に、私たちは翻弄《ほんろう》されているのです。

人間は、お金抜きで心だけが豊かになることは難しいと思います。

お金と心の両方が満ち足りるように知恵を働かせることが「本物の節約術」なのです。

私は、セレブが行う節約術に、心も財布も豊かになり、心地よく快適な生活が手に入る答えがあると思います。

本書を通じ、ほんの少し、暮らしを見直す視線を持っていただき、行動するとき、あなたの生活は輝いていくのです。

―幸福は金づかいではなく、気づかいから生まれる―

ネガティブな節約を封印し、気づかいのあるマネーセンスを育ててください。

本書には、節約が苦手な人や節約に違和感を覚える人でも、無理なく取り入れられる「ヒント」が隠されています。

一つでも実行すれば、品のあるお金の使い方を理解することができ、あなたの毎日はより快適になり、本物のセレブに近づいているはずです。

もくじ

第2章

第3章

第4章

自宅にお金をかけるとお金が貯まる 89

第5章

見た目にお金をかけるとお金が貯まる 117

第6章

体の中に入るものにお金をかけるとお金が貯まる　151

第7章 徹底的にムダを省くとお金が貯まる 191

第8章 常識を気にしないとお金が貯まる 223

本文デザイン　静野あゆみ
図版製作　日本アートグラファー

第1章

セレブは持たない暮らしを知っている

たくさんあることは貧しさの表れ

私たちの身の回りは、たくさんのもので溢《あふ》れかえっています。

気に入って買ったつもりが、太って着ることができなくなった洋服。いつかやせたら着るつもりが、もう何年もそのままクローゼットにある……。

お客様がみえたら、使おうと購入した高価なソーサーやカップ、めったに使わない漆塗りのお椀。洗面台の奥には、お得だからと購入し、いつの間にか忘れてしまった何種類もの洗剤や、スプレーがいっぱい。タダだからと、持ち帰ったポケットティッシュや景品の類。自分の美意識とはそぐわないいただき物の置物やぬいぐるみ。飾るのは嫌だけれど、飾らないのは失礼にあたるから。

あなたも心当たりがあるのではないですか？

考えただけで気分が滅入《めい》りますよね。

どの家も、たくさんのもので占領されているのです。

ものがない時代には、たくさんのものを所有することは、豊かさの象徴でした。

浪費は美徳、といわれた時代もありました。節約という言葉が死語になっていたときもありました。

いまは、消費者は賢くなったと言われます。

こんな時代ですから、誰もが節約に目覚め、知恵を絞り生活をしていると言ってもいいかもしれませんね。

しかし、実態は、多くのいらないもの、素性のわからないものに手を出し、快適であるべき家を占領されたり、まだ十分使えるものをポイ捨てしたり。

そのものが欲しいから買うのではなく、お金を使いたいから買うとか、気に入って、必要を感じて手に入れたはずなのに、本当はきちんと把握できていない。

節約どころか、お金も時間も無駄に捨てている人が多いのです。

たくさんあることは、むしろ貧しさを表している、と言ってもいいように思います。

私が、香港のある企業家のお宅に伺ったときのことです。

さまざまなビジネスを手掛ける彼の資産は、数百億とも言われています。

海を一望する小高い丘の上にたつ瀟洒《しょうしゃ》なお宅は、心地よい風が吹き抜け、香港島が一望できます。

そこだけ、さわやかな空気が流れているようで、初めて訪れたお宅なのに、不思議と落ち着けたのです。

インテリア雑誌のひとコマに自分がいるような、すっきりした空間。百平方メートル以上ある広いリビングには、彼が自分の目で選び購入した趣味のいいソファと椅子、テーブル。壁際には本棚。照明は間接照明を取り入れ、時間の流れに合わせて、自動で音楽が流れ、カーテンが開閉する工夫がありました。

日本のお金持ちの家のリビングにあるデコラティブなシャンデリアや、〇百万円はするじゅうたん、ぎらぎらした色の置物や、値段が高いからという理由で飾ってある絵画などは、なかったのです。

「ずいぶんとシンプルだな……」

これなら、私の家のリビングルームのほうがよほど豪華ですし、置いてあるものも高価です。しかし、この心地良さは何だろう？

考えさせられました。

イギリスで長く暮らした彼は、訪問客に家じゅうの部屋を案内し、自慢のインテリアを見ていただくのが習慣だったのです。

インテリアや暮らし方には、その人の個性や人格が反映されます。ですから、家に招き、部屋を案内することは自分を理解してもらういちばんの近道。いつでも、お客様を招ける家にすれば、親しい関係になりやすく、それがきっかけとなって仕事や人生に大きな利益をもたらしてくれると、彼は信じ実行していたのです。

ですから、彼のライフスタイルにあわないもの、審美眼《しんびがん》にあわないもので、空間を埋めるのは我慢できません。

それが高級なものであっても、愛着の湧《わ》かないものはいっさい手に入れないですし、身の回りに置かないのです。

自分にとって価値のない高価なもので、空間を埋めないからこそ、できたスペースがものの不足を補い、あまりあるほどの心豊かな雰囲気を醸《かも》し出してくれるのです。

間違った節約をしている人の中には、家の主役が人であることを忘れている人もいます。「無料」やお得情報に敏感になることが、悪いとは言いません。それらで得たものは、本当にあなたにとって必要な役に立つことも多いです。しかし、それらで得たものは、本当にあなたにとって必要な価値あるものでしょうか？

そのものがあることで、片付かない、掃除が面倒、ものが見つけられない、時間が無駄になる。それだけではありません。

たくさんのものが、視界に入ってくると、イライラが募《つの》り、脳が疲れ果て、無気力になり人づきあいを拒み、つまらない人生になってしまう……。

たくさんあることは、幸せの象徴ではないのです。

節約に追われ、無理を強いている時には心が貧しくなっています。

貧しい心が、もっともらしい理由をつけていらないものたちを引き寄せるのです。

セレブは、リビング一つとっても、主役は人であることを徹底して理解しています。

おびただしいものでは、幸せになれない。むしろ、空間があるから、人も運もやってくると、知っているのです。

Point モノのない空間が心の豊かさを生む

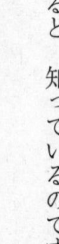

セレブが嫌う4つのもの

私はいま、十分な、ものに囲まれて生活しています。といっても、高価なものや人から羨《うらや》まれるほどの、ありあまるものに囲まれているわけではありません。私にとっての十分なものとは、自分の美意識にあった、心安らぐ最小限のもののことです。

七年ほど前まで、私はかけがえのない時間を投入し、ストレスに耐えようやく手に入れた貴重なお金を、自覚のないまま浪費していました。

クローゼットには、すすめられるままに購入した高級ブランド品が溢れ、普段の日であっても高級レストランで食事をし、数億円の宝石で身を飾っていたこともあります。

それらは、自分が心から求めたものではなく、ものを慈《いつく》しむ気持ちもなかったのです。あったのは、人からよく見られたい、羨ましがられる存在になりたいという欲求でした。

人並み以上に働き、人並み以上にお金を使い、得たものは虚《むな》しさしかありませんでした。そうしたなかで、仕事を通して「本物のセレブ」たちに出会い、彼らと直接話をし、生活を見るうちに、彼らに流れている共通の信条のようなものを知ったのです。

一つは、見栄を張らないことです。

セレブは、見栄を張るものだと、信じて疑わなかった私は、戸惑いました。

しかしセレブになるほど、つまらない見栄に縛られたり、虚勢《きょせい》を張ったりしないのです。彼らは、誰の目も意識することなく、自分の価値観で行動します。

周囲が安さにつられ、うまい話に乗って、購入するものであっても、必要性がなければ興味を示しませんし、人から見れば馬鹿げた買い物であっても、自分のライフスタイルにあったものは、何千万円のものでもキャッシュで購入します。

人の目なんて関係ないのです。そのものが好きだから、そのものに愛着を感じるから手に入れる。いたってシンプルなマネーセンスを持っています。

高額品を買う姿しか見ていない人は、彼らを浪費家、金に糸目をつけない人と取りますが、実態は贅肉のない贅沢をする、賢い節約家なのです。

二つ目は、常識に縛られないこと。

好きなものや好きな人には、何をおいても手に入れたり、会いに行ったり。

私たちの想像を超えた、お金の使い方をし、行動をすることがあります。

投資会社を営む友人のH氏は、厳しい表情とは裏腹に、甘いものに目がないチャーミングな男性でもあります。

仕事に追われ疲れがピークに達した時の息抜きは、本場のスイーツをいただくことです。ファーストクラスで本場に飛び、日帰りでかえってくることもあります。

「ワッフル」が食べたいといって、ベルギーに飛び目的を果たすや否や、とんぼ返りで日本に戻ったことや、「マンゴーミルク」が飲みたいと、朝一番の飛行機に乗り台北に出かけ、日帰りで戻ったこともあります。

「ワッフル」ひとつに、百万円近くのお金をかけるなんて、常識外。

こうした行動は、浪費以外のなにものでもないと思うでしょう。

しかしあえて環境を変えることで、頭が空っぽになって、新たな発想が湧き、ビジネスのアイディアが浮かぶ。かけたコストは決して無駄ではないと、彼は言います。

エコノミーで、窮屈《きゆうくつ》な思いをして出かけたのでは、こうしたことはあり得ないでしょう。お金で快適さを買うという発想は、セレブが好む節約の一つです。

三つ目は、ギラギラを好まないことです。

セレブは華やかなもの、きらびやかな場所を好むと思われがちですが、それは一部の人。セレブになりたての、ニューリッチともいえる人だけです。何年か前から、セレブという言葉が流行し、若い女性の憧れの対象になりました。

それまでのお金持ちがお金をなるべく目立たないように使い、派手さを押さえていたのが、ニューリッチは、隠さずお金を使う。そんなところから、セレブは、お金の使い方が派手で、生活スタイルも派手。

シャネルのスーツに、クロコダイル製のエルメスのバーキン、ブルガリの宝飾時計に大粒のダイヤモンドのリング、車はベントレー……。

一目でわかるギラギラの極致《きよくち》ともいえるブランド品を好むのは、ニューリッチだけです。セレブの好みは、ギラギラよりもキラキラ。見せびらかすのではなく、輝かせるものを選ぶのです。以前お会いした通信会社を経営する社長が、色鮮やかなトルコ石のペンダントをつけていました。日に焼けた肌にブルーが、何とも似合っています。

力の抜けた大人のおしゃれというのでしょうか、気になって質問をしました。

「たいへんお似合いですが、どちらでお求めになったのですか？」

すると、おっしゃったのです。

「マイブランドだよ。僕がデザインしたんだよ。買ったほうがよほど安いと思うけれどね…」と、苦笑いしながらも嬉しそうでした。

ギラギラには、時として人を寄せつけない強さがありますが、キラキラには、柔らかさがあります。セレブはそのあたりも知っているのです。

最後は、嫉妬心《しっとしん》を嫌うことです。

自分よりも、すぐれた人を羨み、妬《ねた》んだり、地位や収入が低い人をさげすむことを、セレブは嫌います。目標にしたり憧れるのはいいのですが、やっかみを言ったり、悪口を言うなど、ネガティブな感情に支配される人は成功できません。

台湾人の友人は、大学時代を日本で過ごしました。

実家は国内有数の製薬会社を営み、何不自由のない生活をしていた彼は、日本で初めて、格差を感じたといいます。「〇〇人のくせに……」と、見下す人もいたそうです。

ところが、彼が名門の出身だとわかった途端に、態度を豹変《ひょうへん》させる……。

偏見や差別、妬みほど、生産性のないものはありません。

嫉妬心からは、成功へのきっかけは生まれないのです。
嫉妬心で目が曇ると、チャンスに出会えません。
節約するべきものは、嫉妬心なのです。

Point **セレブは「見栄」「常識」「ギラギラ」「嫉妬心」が嫌い**

ものを増やさない鉄則を貫く

多くのセレブのライフスタイルから、余計なものに支配されない生活の心地良さを知った私は、早速生活を見直しました。

自分のライフスタイルに合わないものを、処分しようとしました。

しかし、もともとものを捨てられない私です。「いつか使うかも、どこかで役に立つかも……」と、いった考えがよぎり、身動きができないでいました。

いまは、さまざまなものが溢れ、何でも手に入れることが容易《ようい》にできる時代です。あまりにも多くのものに囲まれて、自分にとって必要なものと、そうでないものとの区別ができなくなっているのです。

そこで、高価なものは、リサイクル業者を利用する、本や雑誌は、専門の業者に依頼する、新品同様のものは、寄付をすることに決め、無理やりでも、いらないものを自分の前から消そうとしたのです。

ものが溢れている生活は、部屋も頭の中もごちゃごちゃになって、快適さとはほど遠いものです。

私は、香港で知ったリビングの心地良さを思い出しながら、「空間を作ろう、それが好運を呼ぶコツなのだ」と言い聞かせたのです。

あのセレブのように、どんどんお客様をお招きできる家にしようと考えました。

そして……。

すっきり片付いた部屋を眺め、決意しました。

「リバウンドはもうたくさん、私なりのルールを決めよう」と。

◎管理能力を超えるものは求めない

◎愛着の湧くもの以外は持たない

◎自分のライフスタイルに似合わないものや、素性の怪しいものは求めない

◎次の時代に残せないものは持たない

を基本に、ものを増やさない方法を考えました。

◎ものを買うならば、収納スペースからはみ出すほど買わない

いま住んでいる環境に合わせたサイズで暮らす。自分のライフスタイルに合った暮らし

を守ろうと考えました。

ものを買いたいと考えたら、心から欲しいと望んでいるのか、流行や他人に惑わされているだけなのかを、冷静に考える。

同じような目的のものは、持たない。万が一、不要なものを買ってしまったら、本当に必要なものを残し処分することを徹底しました。

◎ものが壊れても、とことん修理して使う

愛着の湧くものを購入し、修理やリフォームをしながら大切に使います。

ルビーのネックレスを、ブローチにリフォームしたり、縫い目がほつれた毛皮のコートの袖を思い切って取り、ベストに仕立て直すなど。

むやみにものを買うのではなく、ものに感謝しながら使うのです。

これは、本当に必要なものだから買うのか、お金を使いたくて買うのかを考えるきっかけになります。

さらに、心のこもったプレゼントは別として、ものをもらわないことにしました。

タダでもらったものは例外なく、大切にしません。「どうせ、タダなんだし……」といった気持ちがあるから、ぞんざいに扱うことになるのです。

おまけ、景品、粗品、ホテルのアメニティー、化粧品のサンプル……、使うかもしれないけれど、まず使わないものは、もらわないことです。

そして、消耗品《しょうもうひん》の類も必要以上のストックはしないようにしました。

まとめ買いすることは結局、ムダ使いを煽《あお》ることになるからです。

また、一年に一度ぐらいしか使わないものは、レンタルを利用することにしました。

アウトドア用のバーベキューセットや、流しそうめん器、ハロウィンの衣装など。

一年に一度使うかどうかのもののために、狭苦《せまくる》しく過ごすよりも、専門の業者から借りるほうが、賢明だと思います。

こうした鉄則を貫き、自分のライフスタイルに合ったものに囲まれた生活をしていると、常に高いレベルで心が満たされているために、つまらない買い物でストレスを発散させ、心の隙間を埋める必要がなくなってきます。

ペンや手帳、コーヒーカップといった小さなものであっても、「自分の目で選んだもの」

という意識が働き、自分をいたわり、ものを慈しむ心が育ちます。

ものを増やさないセレブの節約では、節約でありながら、不満やストレスとは無縁となり、満足度の高い上質の生活ができるのです。

Point　レンタルを積極的に利用する

「もったいない」の本当の意味を知っていますか

「もったいない」という言葉が注目されています。

きっかけは、二〇〇五年に開催された国連婦人地位向上委員会でケニアのワンガリ・マータイ環境副大臣が「もったいない」という日本語を、「REDUCE（消費削減）、RECYCLE（資源再利用）、REUSE（再使用）、REPAIR（修理して使う）の、4つのRを示す言葉」と紹介し、会場にいた聴衆《ちょうしゅう》に「もったいない」を唱和させたことです。

そして、地球温暖化やエコロジーとの関係から、世界中に「もったいない」が広まっていったのです。

「もったいない」の心は、残り少ない資源を有効利用し、環境を守る、今の私たちに必要なものです。

私たちの周りには、もったいないとはほど遠い、一度使っただけで捨てられる紙コップやストロー、過剰の包装紙、レジ袋などが大量にあります。

何の疑問も感じないでうけ取ったり、考えないでポイ捨てしていたら、それこそもったいないですよね。

食品にしても同じです。

大根の葉は、切り落とされて売られていることが多いのですが、葉にはビタミンCのほかにカロチンやカルシウム、鉄分も豊富で、栄養学的に考えても、捨てるなんてもったいないのです。

母の時代には、大根の葉は、漬物や煮物に余すことなく利用していました。

それが当たり前のことでした。

「もったいない」と言わなくても、ものを大切にする心が自然にそうさせていたのです。

「もったいない」とは、単にものを捨てないことではありません。

大量のものを抱え込み、使わずにストックする。誰かに譲《ゆず》るわけでもなく、ストックしていることも忘れてしまう。

「高いものだから」「大切な人からいただいたものだから」という「もったいない」も、使わずにとっておけばもっと、「もったいない」行為なのです。

「もったいない」の心は、ものを十分活かして使い、寿命をまっとうさせるまで使い切ることにあります。

いいものこそ、どんどん使うようにしましょう。

不釣り合いと思われる高級品をいただいたり、手にすることになっても、しまいこまず、そのものの価値を十分楽しむように使うのです。

高級品が似合う人になるには、高級品を使い本物の良さを知らなければだめです。

以前、雨の日に、驚くべき光景を目にしました。

スーパーのレジ袋から、エルメスのケリーバッグを取り出し、支払いを済ませると、また、レジ袋にバッグを入れた女性がいました。

濡らさない工夫でしょうが、バッグの持つエレガントさが台無しです。

もっとも、その女性の足元は、かかとの擦り切れた明らかに安物の靴でしたし、ネイルがはがれ、メイクもちぐはぐ。バッグに「もったいない心」を示す前に、やるべきことがあるのではないかと、考えてしまいました。

「もったいない」が口グセの人には、使わないものが家じゅうを占領しているのに気がつかない人がいます。紙袋、リボン、包装紙、新聞、雑誌……。あなたも「もったいない」と、しまいこんではいませんか？

引き出物、昔の恋人からいただいたプレゼント、もう止めてしまった趣味のもの……、こうしたものも多いことでしょう。

使い捨てはもったいないですが、使わずとっておくのは、もっともったいないと思います。

使わないものは、「使ってもらえる人に譲る」「売る」「寄付をする」。

有効に使ってくれる人のもとに、届けましょう。

行先が見つからないものは、残念ですが、捨てることになります。

「もったいない」と言って、捨てるのをためらっていては、永久にあなたはものに支配される人生を送ることになります。

捨てることは痛みを伴います。

時間も手間もかかりますが、もう二度と、捨てずに済むような生き方をすればいいのです。

私が知る限りセレブは、ものを粗末にしません。
自分の価値観で手にしたものは、ものの命を見つめながら、大切に扱います。
むしろ、お金がないという人ほど、ものを粗末にしていると私は思います。
セレブほど「もったいない」の本当の意味を、知っているのです。

Point
使わずにとっておくことのほうが「もったいない」

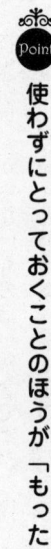

ものと向き合う時間をもつ

セレブだって無駄なお金は、いっさい使いたくないと思っているはずです。

そうはいっても、「欲しい」気持ちを抑えるのは、難しいものです。

自分のライフスタイルに合ったもの、価値観にマッチしたもので生活をするのが、セレブの節約術の精神ですが、ときには、抑えきれないこともあります。

もともと、お金には不自由しないうえに、さまざまな誘惑が多いセレブですから、欲しい気持ちに火がつくと、ライフスタイルも独自のマネー感覚もどこかに飛んでいってしまいます。

何でも買える立場にある人ですから、そのまま突っ走れば、どんなことになるか……。

経営コンサルタントをしている友人に聞いた話です。

インドのマハラジャに、興味深い習慣があるといいます。

マハラジャといえば、莫大な富を持ち、金銀宝石で体中を飾っていて、動くたびに、「ジャラジャラ」と音がするほどです。

そのスケールは、セレブといえども想像できないほど。

年収一億円は下らない、資産十数億とも思われる友人も腰を抜かしたといいます。しかし、ヒンドゥー教ではそうした暮らしを続けていると、「死後の安楽は得られない」という教えがあります。

ですから、マハラジャたちは、数年に一度、ヒンドゥー教のアシュラム（修行所）にこもるのだそうです。そこで身につけている服と、空腹を満たすだけの食糧があれば生きていけることを悟《さと》る厳しい修行を行うのです。

信仰心の深い人は、毎年のようにアシュラムにこもることもあるそうです。

そうして、手持ちのものをきれいに整理してしまう。

これを繰り返し、人生を整理していくのだそうです。

「欲しいという気持ち」は、これくらいしないと断ち切れないほど、頑固なものなのです。

友人の話を聞いて、「欲しい気持ちは、本能なのだ」「節約を意識していても、本能には勝てない」と感じました。

マハラジャのような修行はできない私は、

「もし、私がこのものだったら……」と、考えるようにしたのです。

気に入られ、家に迎え入れられたのに、まったく使ってもらえなかったり、ぞんざいに扱われるなんて、ものとしてさびしいではありませんか。

欲しい気持ちが膨らんで、自分のマネーセンスから外れたものを欲しがるようになったとき、私は自分をそのものに置き換えて考えています。


小さなものであっても同じです。

そうした習慣を続けるうちに、自分にとってのいいもの、気に入ったもの、価値を見いだせるものだけを使う生活になり、心はいつも満たされるようになるのです。

やたらと欲しがらない、必要なものを賢く手に入れる自分に変わっていきます。

そして……。

特別、マネー情報に詳しくなくても、目の色を変えて貯蓄に励まなくても、気がつくと、びっくりするほどのお金が通帳に貯まっていたり、お金がお金を呼んでくる感覚を知ることになります。

欲望を無理やり抑える節約は、心と体が悲鳴を上げます。

短期間ならば、我慢もできるでしょうが、無理を強いれば心と体を病み、人間関係を悪化させることもあります。

節約に無理を感じているあなたは、ものを買わない、興味を持たないことに気を取られているのではありませんか？

ものと向き合う時間をもつ節約（セレブの節約）に切り替えることが、あなたのストレスをなくすに違いありません。

Point 欲しい品物を目にしたら「私がこの〝もの〟だったら？」と考えてみる

第2章

セレブはスマートに節約する

お財布をかえればお金が貯まる

お金を貯めることに熱心なのに、お財布に無頓着《むとんちゃく》な人が多いのに驚きます。

お財布は、「お金の休憩場所」です。

落ち着いて休むことができなければ、お金はすぐにどこかに行ってしまいます。

「それって気のせいじゃないの?」と考えるあなたは、どんなお財布を持っていますか?

いつから使っているのか、覚えていない。なぜその財布を使っているのかも分からない。

そういった人も、多いのではありませんか?

大切な人にいただいた財布だからと、角が擦り切れ、原型をとどめないほどになっても使っている人を見たことがありますが、「もったいない精神」を超えて「いじましさ」を感じてしまいました。

お財布は、人の目に触れるものです。

レストランやスーパーのレジではお店の人の目に触れ、食事をして割り勘となれば、友人や同僚の目に触れる。お金を出すたび、カードを使うたびにあなたの財布は人の目に触れるのです。

知識も教養も兼ね備えていて、おしゃれにも気を使っている人が、くたびれた財布をバッグから取り出したら、「この人って、それほどの人物じゃないな」と、思ってしまうのは、私だけではないはずです。

仕事の能力や常識を疑われ、評判を落とすことにもなりかねません。

また、お財布の中には「お得だから」とついつい集めて、そのままになっているカフェや書店、雑貨店などのポイントカードが入っている……。

あなたにも覚えがあるのではないでしょうか？

持っているポイントカードの中で、最後まで貯めることができたものは、いくつありますか？

貯めきれないうちにカードを紛失したり、何枚も同じカードを作ったりしていませんか。

しわくちゃになったレシートや領収書、診察券やサービスカードでお財布はいつもパンパン状態。

お財布の中には、頼まれて作ったけれど、ほとんど使わないクレジットカードが何枚も入っている人もいます。

かつては、私の財布の中にもいつ作ったか覚えていないポイントカードが入っていました。せっかく買い物をするなら、ポイントカードを活用することが、賢い節約だと思っていたからです。

しかし、使わないポイントカードやクレジットカードのために場所をとられ、年会費をとられるだけで、活用しなければ、無駄以外のなにものでもありません。

余計なもののために、お札の顔があちこち向いていたり、しわになったり。

お財布に無頓着な人は、お金の扱い方も無頓着になっていきます。

しょっちゅう行くわけではない店のポイントカードを作るのは、意味がありませんし、使わないクレジットカードで財布を満たしている人は、不思議なぐらいお金に縁がなかったりします。

余計なものを詰め込んだ財布には、お金の休憩場所がないのですから、お金は居場所を求めて出て行ってしまうのです。

セレブといわれる人たちのお財布は、例外なく綺麗です。ブランド物だとか、ラッキーカラーだとかいう前に、大切に扱われているのが分かります。間違っても角が擦り切れた財布や、色落ちしたような財布は持ってはいません。

中身もすっきりとしていて、お金を休ませるためのスペースが確保されています。クレジットカードは、クオリティーの高いものだけに絞《しぼ》り、ポイントカードの類《たぐい》は吟味したお店のものだけ。レシートはきちんと畳んで、いただいたその日のうちに整理します。

お札の顔は同じ方向を向いて、しわはありません。お金を入れるときも、買い物でお金を払うときも、表を向けることが習慣になっています。

セレブは、お財布の外見にも中身にも気をつかい、お金を大切にしているのです。

そうすることで、お金が逃げていかない、使ったお金が大きくなってまた帰ってくる、と考えているのです。

セレブのお財布へのこだわりを示すエピソードがあります。

プレゼントでお財布をいただくのならば、自分よりも金運のある、尊敬できる人物からしかもらわないという人が多いのです。

仲良くしている台湾の男性実業家は、誕生日が近づくとプレゼントの希望リストを友人に示します。

C氏は書類ケース、H氏は年代もののワイン、K氏にはカフス……と。

これは、プレゼントがダブらないためと、忙しい友人たちの時間を無駄にしないため、さらに心から望んでいるものをもらいたい、という合理性から生まれたものです。

中でも、お財布は毎年、友人の中でも「最も勢いのある実業家」からプレゼントしてもらうことに決めています。

そうすることで、気持ちが前向きになりますし、実際金運も上昇すると彼は言います。

私も、プレゼントにお財布をいただくことがありますが、キャラクターが好きでも、そのブランドや色が好きでも、私よりも金運のない（金運がないと思える）人からいただいたものは、絶対に使いません。
お財布に無頓着なままでは、お金は貯まらない。
これは、私の経験則であり、セレブなら知っている法則です。

Point

セレブはお財布の見た目とお札の入れ方に気をつかう

セレブは特売品を優雅に買う

テレビのスペシャル番組に、世界の大富豪たちを取り上げたものがあります。

広大な敷地に建つ瀟洒《しょうしゃ》な館。庭にはプールがあって、ガレージには高級車が何台も置かれ、クルーザーや自家用飛行機を所有する。

家の中の、いたるところに高級な絵画が飾られ、大理石のテーブルや重厚なソファが置かれている。分厚いじゅうたんは、数千万は下らないだろう。

世界の大富豪といわれる人たちの暮らしぶりは、とにかく桁《けた》はずれで、彼らは私たちの想像を超えたマネー感覚を持っています。

私は、日本テレビの「史上最強の億万長者」という特別番組に出演させていただいたことがありますが、「この番組に私が出演していいの?」「私が出ることで番組の信ぴょう性が疑われるのではないか」と思ったほど、大富豪のお金の使い方は豪快なものでした。

石油王とか、不動産王といった人の中には、お金に糸目をつけず、欲しいものを次から次へと手に入れても、お金を使いきれないという人もいます。

そうした人は別として、実際お金持ちといわれる人は、どんなお金の使い方をしているのか。気になりませんか？

節約なんて、しているのでしょうか？

本田健氏の著書『普通の人がこうして億万長者になった』の中に、興味深い記述があります。

年収一千万円未満の人と年収一千万円以上三千万円未満の人、年収三千万円以上の人に、お金の使い方のアンケートをとったところ、「私は節約家である」と答えた人の割合は、年収が高くなればなるほど増えていくのです。

私の周囲にいる年収五千万円は下らないセレブたちも、総じて節約家であって、理由もないのにお金の力にものを言わせている人たちを軽蔑《けいべつ》するところがあります。

そうしたお金持ちと、自分を一緒にしてほしくない、と考えているのです。

合理的に賢く節約をしてきたから、お金持ちになったのですし、今も節約を続けているからお金持ちでいられる。

セレブは、節約して浮いたお金を、さらにステップアップするための勉強や投資に回し、より多くのリターンを受けているのです。

私はセレブほど、特売品に夢中になっている、と考えています。

これは節約の意味である「切り詰める」とは、別の考え方。

特売品を買うだけでなく、割引クーポンを使い、必要なものならばまとめ買いをし、できる限りお金を浮かせることは、ケチでもしみったれでもなく、投資のためのタネ銭づくりなのです。

しかも、セレブが特売品を買うスタイルは極めて優雅。

限定数のある特売品を目指して、家族を引き連れ開店前のスーパーに並ぶとか、タイムサービスの商品を購入しようと髪を振り乱しながら人ごみに割って入る、といった効率の悪い美意識に欠ける行動はとりません。

わずかな労力で一流のものが確実に安く手に入る方法を知っていて、それらが習慣として、体に染みついているのです。

食品、洋服、小物、化粧品、バッグ、靴……、日頃愛用しているものが、どこで安く売られているのかを知っているだけでなく、なぜ安く買えるかの理由も理解しています。

「安物買いの銭失い」ということは、彼らにはありません。

旅行や車などの趣味的なものや、ハウスクリーニングのようなサービスも、タイミングや業者によって、より安くいいものに巡り合えます。

普通の人が、特売品漁《あさ》りに目の色を変えるのが「体力勝負の戦い」ならば、セレブのそれは「知力勝負のゲーム」といったところです。

今でも時々している、私の特売品の買い方を紹介しましょう。

マスクメロン

私はマスクメロンは、高級スーパーの見切り品コーナーをチェックします。

マスクメロンが大好きで、食べたいと思ったら、どんなことをしてでもすぐに食べたいのです。しかし、販売されているマスクメロンは、熟《う》れていないことがほとんどで、その日においしく食べることができません。

そこで、高級住宅地を控えている広尾や青山などの高級スーパーに出かけるのです。見切り品コーナーには、もとは五千円はするメロンが、熟れたという理由で千円ぐらいになって販売されていることがあります。

わざわざ出かけることはしませんが、仕事の途中で見つけると、必ず購入しています。

珍しいフルーツや国産のマンゴーなどもこの方法で手に入れることができます。

人ごみもなく、高級スーパーの雰囲気を楽しみながら、一流の味が安く優雅に手に入るので、お勧めです。

ちなみに、魚やパンもこうした方法で販売されている場合があります。

また、インターネット通販を利用して「アウトレット食品」を購入しているセレブもいます。「アウトレット食品」とは、製造の過程で崩れてしまったり、形が不揃《ふぞろ》いなために流通には乗らない食品のことです。味や鮮度には何の問題もないのですから、お得です。

セレブが利用するのは、「アウトレット食品」のなかでも、高級食材。伊勢海老のひげが一本とれている、毛蟹《けがに》の足が折れている、老舗《しにせ》の菓子屋の高級カステラの端が少し欠けている……といった理由で、市価《しか》の三分の一ほどの値段になることもあります。

人の目を気にせず、家に居ながらにして買い物ができるというので、私の友人のセレブの間ではちょっとした「アウトレット食品ブーム」が起きています。

Point 特売品は「知力勝負のゲーム」と楽しむ

損して得をとるよりも最初に得な道を考える

誰でも、「安い」「お得」という言葉には弱いものです。

そのため、たいして欲しくもない必要でないものを買ってしまい、後で後悔するはめになるのです。

使えば便利になるからと買ったものが、実際は便利と感じる回数よりも、邪魔だなと感じる回数のほうが多かったり、将来のためだからと購入したのに、いつまでたってもためにならないものが、あなたのもとにもありませんか？

買うという行為は、魅力的なものです。

買い物の嫌いな女性などいない、といってもいいでしょう。

買い物には、魅力と魔力があるのです。

買い物にはまると、生活が窮屈《きゅうくつ》になりお金もなくなります。

ものは手に入れられても、暮らしが窮屈になったのではストレスがたまるばかりで、何も得られるものはありません。

こうしたことは、節約をしている人ならば知っています。

しかし、知っているのに買い物の魔力にとりつかれる時があります。

普段は冷静に対処できる人でも、「最初にお金はかかりますが、将来、必ず得をします」とか、「長い目で見たらこちらのほうが得ですよ」といった言葉がちらついた時には冷静さを欠いてしまうのです。

なぜでしょうか？

こうした言葉には、「賢明な人ならば、将来を見据えた行動をとります」といったニュアンスがあるからです。

賢い節約家を自負する人ほど、こうした言葉に弱いもの。普段は買わないと決めているものであっても、「将来を見据えて」とか「長い目で見て」と理由をつけて、買い物の魔力に勝てないのです。

本当にそのものが必要ならば、将来を見据えてお金をかけることは賢い選択でしょうが、多くの場合、空振りに終わることが多いのです。

私の母が、三年ほど前、韓国ドラマにはまりました。

「冬のソナタ」に影響され、ペ・ヨンジュンさんとチェ・ジウさんがドラマの中でデートをした場所に行ってみたい。韓国語をマスターして、原語でドラマを見たいと、言いだしました。

七十歳を過ぎた母の、勉強をしたいという気持ちにケチをつけるつもりはありませんが、どれほど本気なのかは分かりません。

それに、母は長い間勉強から遠ざかっています。

意欲はあっても、根気が伴わない気がしてならなかったのです。

母は、韓国語のレッスンを受けたいと、語学教室のパンフレットを集めだし、その中からチケット制のものを選びました。

一回ごとに買うよりも、十回ならば10％安く二十回ならば20％安い、五十回まとめれば、一回のレッスン料は半額になるというものです。

「長い目で見れば断然お得です」の言葉にのって、母は三十回分をまとめて購入しました。

「長続きすればいいけれど……」

案の定、私の心配は的中しました。

レッスンを三回終えただけで、母の韓国熱は冷め、大量のチケットだけが残りました。

「もったいない」が口ぐせの母です。

日ごろは慎《つつ》ましい生活をしている母だからこそ、「損して得をとれ的発想」が働いたのかもしれません。

体験レッスンをうけ、それでも勉強したいと考えるのならば、レッスン料は高くても一回ごと支払うほうが、無駄がなかったのに……。

一見損に見える条件でも、結局はコストパフォーマンスが高いことが多いのです。

「将来」とか、「長い目で考えて」が通用するのは、稀です。

最初に得になる道を考えたほうが、お金が貯まる、と私は思います。

Point

「長い目で見てお得です」がお得にならないこともある

ブランド品に高い授業料は払わない

ヨーロッパでは、一流のブランドのバッグを持つのならば、洋服も靴もアクセサリーも、すべてがそのバッグに匹敵する品質のものを揃えられることが必要です。

そして、バッグを持つ人自身も、一流品に匹敵する品格や振る舞い、マナー、センスなどを備えていることが求められます。

それがたしなみであり、セレブならば、特に気をつけているポイントです。

ブランドには、ものだけではない感性や主張のようなものがあって、それも含めてブランドなのですから、好きなブランドは、いくつかに絞られるはずです。

しかし、日本ではさまざまな一流ブランドを混ぜこぜで揃えてみたり、二十代の女性が五十万円もするバッグを持っていたり。

一流品にマッチした品格を備えている人がどれだけいるのか、疑問を感じます。

かかとの擦り切れた靴をはき、一目で安物とわかる洋服を身に着《つ》け、偽物のアクセサリーを身に着けた人が、五十万円もする一流ブランドのバッグを持つ姿は、ブランドに対して失礼ではないかと、思います。

かつてブランド信仰に走っていた私が言うのもおこがましいですが、そのものに見合うだけの風格を身につけないうちは、ブランド品が泣いているのではないでしょうか？

ブランドが好きならば、いきなりバッグや洋服などの大物に走るのではなく、スカーフやポーチなど小物から使い始めることをお勧めます。

ブランドに違和感なく馴染《なじ》むことができ、本当のおしゃれの楽しさを知ることができるからです。

セレブは、自分のライフスタイルや信条にマッチしたものでなければ、どんなに流行のブランドであっても、薦《すす》められても購入はしません。

本物のセレブは、お金にものを言わせて、若いうちから、「〇〇ブランドの広告塔」のような装いはしないのです。

また、たくさんのブランドを一緒に身に着ける「統一感のない装い」を嫌います。

全身をお気に入りのブランドで決めることはしますが、誰が見ても〇〇だとわかるような装いは、決してしません。

ブランドが前に出るのではなく、自分が前に出る。

自己主張としての装いを忘れないのです。

ある程度年齢を重ねた人ならば、必死に生きてきた自分にプレゼントする意味で、ブランド品にお金を費やすのも分かります。

しかし、若いうちから、「○○ブランドの広告塔」のようなおしゃれをするのは、慎んだほうが、節約のためにもあなたのためにもいいのです。

ブランド品に高い授業料は払わない。

払うならば、年齢を重ねてから。

長期計画をたてて払うべきでしょう。

Point　セレブは自分の信条に合わないブランド品は買わない

お金では買えないもので生活を彩る

セレブの節約術を実現するポイントは、お金では買えないもので生活を彩る発想を持つことです。

お金で買えないものとは、人とのつながりや自然の営み。

特に、友人や知人、家族などの手助けや情報は、自分には思いつかないことを気付かせてくれたり、知恵を授けてくれたり、さまざまな刺激を得られます。

それによって、余計なものを買わずに済ますこともできるかもしれません。

もちろんお返しをするのですが、それは必ずしも、ものである必要はありません。

その人が喜ぶことをしてあげる、元気の出る言葉をかける、相談に乗ってあげる、仕事のアイディアを提供したり、忙しい時に、代わりに買い物に行ってあげるのでも構わないのです。

節約というと、合理性ばかりに目が行って、人とのつながりも合理的に考えてしまいがちですが、人とのつながりがさらに次のつながりをもたらし、思いもかけない運や縁を引き寄せることはよくあるのです。

運や縁は、どんな大金を払っても手に入れることはできません。

人とのつながりのなかで、自然ともたらされるものです。

人間関係は時には、煩《わずら》わしいこともあるでしょう。

しかし、これだけは合理的に節約するという考え方は持たないほうがいいのです。

どうしてもいやな人は、断固拒否するのではなく、近づかない。

自然に任せたほうが、いいのです。


私は、朝起きた時には、窓を全開にして空気を入れ替え、空を見上げます。

つぎに大きく深呼吸をするのですが……。

そうすると、忙しい中でもゆったりとした時間の流れを感じられ、気持ちに余裕が生まれます。悩みや迷いがあったときにも、「私の悩みなんてたいしたことない」と思えてくるのです。

小川のせせらぎや、滝の音、波しぶき、星や月……。

道端に咲いている草花や、街路樹。

私たちの周りには、ストレスを感じた時には、癒《いや》してくれるたくさんの味方がいます。

お酒やギャンブル、遊びに大枚《たいまい》をつぎ込むだけが、ストレスを発散させる方法ではありません。

節約にのめりこむ人の中には、反動で狂ったように買い物に走る人がいます。

ギャンブルにおぼれ、家族を巻き込み、異性とトラブルを起こし……。

無理な節約は、心と体をむしばみ、生活を破たんさせることもあるのです。

お金では買えないもので生活を彩る発想があれば、ストレスにむしばまれることもなく、節約が自然に身につきます。

私の知るセレブたちは、家族との絆《きずな》を第一に考え、人間関係を大切にしている人ばかりです。お金を使った遊びも大好きですが、自然の営みに感動する心を持っている、素直な人たちばかりです。

休日になると海岸に出て、流木を集めオブジェを作る人。

廃材を利用して、家族でアウトドア用のテーブルを作った人。

ごく親しい人だけを別荘に招いて、一緒にそば打ちをしたり、燻製《くんせい》作りを楽しむ人もいます。

もちろんそば粉は現地の粉を使い、燻製に使う魚は近くの渓流で釣った岩魚《イワナ》です。

彼らは、お金では買えないものの価値を心から理解している、と言っていいでしょう。

だからこそ、賢い節約ができ、節約で得たお金を投資し、さらにお金が増えていくのです。

Point

「人とのつながり」だけは節約しないのがセレブ

第3章

時間にお金をかけるとお金が貯まる

セレブは自分の時間を大切にする

集中して仕事をしているときに、友人から電話がかかってくることがあります。

「忙しい？　ちょっといいかしら？　相談があるのだけれど……」

こんな時は、いつも自分に正直に答えるようにしています。

本当に話を聞く気持ちがあって、そのために時間を費やしても後悔しない自信があるときには、「いいわ、相談って何？」と言いますが、せっかく集中して仕事をしているのだからこのペースを乱して欲しくない、今は仕事をしたいというような気持ちが少しでもある時には、「ごめんなさい、どうしても今は手が離せないの。あとで私から電話をするわ……」と、丁寧に断るようにしています。

食事のお誘いが突然きたり、パーティーの連絡が入ったり、予定通りにいかないことは多いものです。

急なお誘いには、「タイミングが悪いわ」「先客があるから無理よ」と、嘘も方便で断れそうなものですが、人づきあいに関することは、なかなか断れないものです。

疲れていて、一人でいたいと思っていても、友人や大切な人からの誘いには、つい「イエス」と、言ってしまう。

あなたにも覚えはありませんか？

親しいからこそ、大切な人だからこそ、断れないのはもっともなことです。

しかし、本当に心を許している友人や、あなたのことを理解してくれている人からのお誘いを断ったからといって、人間関係はびくともしないものなのです。

丁寧に理由を言えば、状況を察してくれます。

逆を言えば、断ってへそを曲げるような人とは、付き合わないようにすればいいのです。あなたを理解している人ならば、「また、都合のいい時に会いましょうね」ですみます。

誘いを断ったら、嫌われてしまうと考えるよりも、断っても心配のない人たちだけと付き合うようにすればいいのです。

時間は、誰にとってもかけがえのないものです。

「時は金なり」と言いますが、失ったお金は、働けばまた手にすることはできても、失った時間は、どんなことをしても取り戻すことはできません。

その意味では、時間は命と同じぐらい大切なもの。

「時は命なり」だと、私は思います。

嫌われたくないからと、人づきあいを断らないでいることは、二度と手にすることのできない時間を粗末にしていることにならないでしょうか？

いつも、「イエス」と言わなければ、好かれる人になれないなんて……。

私の知る限り、日本人は「忙しい」が口ぐせの人が多いのに、時間管理がおおざっぱな気がします。自分の時間だけならまだしも、電話やメールで、容赦なく相手の時間を奪い取っていることに、気づいていない人もいます。

海外に出ると思うのですが、セレブたちはオンとオフの切り替えが上手です。

彼らは、時間管理に哲学のようなものを持っていて、どんなに大切な相手から誘いを受けても、体を休ませたい時や、家族との時間を大切にしたいときには、はっきりと断ります。

誘うほうも断るほうも、相手には相手の都合があるのですから、恐縮したり根に持ったりはしないのです。

―いつも「イエス」と言って好かれる人になるよりも、時々「ノー」と言っても好かれる人になる―

「ノー」と言うのは、勇気がいるかもしれませんが、自分の時間を大切にする人は、人の時間も大切にしているのです。

時間管理ができる人が、お金持ちとは限りませんが、お金持ちは、必ず時間管理が上手です。

セレブたちは、時間という財産を大切に扱っていることを知ってください。

Point

大切な相手からの誘いでも「断る」勇気を持つ

セレブがハイヤーを使う理由

私は、車に興味があるほうではありません。

こだわりや特別な思い入れもないのですが、「臼井社長の車は、ベンツですか、BMWですか？　それとも……」と尋ねられると、「社長だったら、これぐらいの車に乗っているのは当然だ」と、人は思っているのだと感じます。

私のような中小企業の社長に限らず、ある程度お金が入ると、誰もがいい車に乗ろうとするものです。

車に興味がない私でも、「燃費が良くても軽自動車はちょっとね……」と、車を単なる移動の道具だとは考えていないのです。

車は、その人の資産状況や生き方、社会的なクラスなどを表すところがあります。

「車を持つのはムダ」とか、「動けばいいじゃないの」「安い車でいいでしょう」とは、割り切れないのです。

しかし、車自体の価格もさることながら、維持費には年間百万円近くかかります。

ベンツの最高級車ならば、本体価格で一千万円以上するうえに、自動車税、重量税、自賠責保険、任意保険、車検の費用、ガソリン代、駐車場料金、オイルやタイヤの交換費用、高速料金……。あげただけでため息が出るほど、お金がかかるのです。

最近は、ガソリン代も変動し、給油をするたびに驚きを隠せません。

それでも、車がもたらしてくれる利便性や爽快感という魅力には勝てないのです。

もし、車がなかったらと思うと、車に興味のない私でもかなりきつい。移動の自由を奪われたようで、情けない気持ちになります。


セレブになれば、当然のことのように高級車に乗るもの。ベンツ、BMW、ポルシェ、ベントレー……、世界の名だたる車を何台も購入し、次から次に乗り換える。そんなイメージがあると思います。

実際、車好きな人も多いのですが、なかにはこんなセレブもいます。

いくつもの会社を経営するK氏は、車を持たないことを貫いています。

仕事で車が必要な時には、営業車として使用している軽自動車を使い、プライベート用の車は持っていないのです。

資産数十億は下らない彼が、なぜ車を持たないのでしょうか。

運転手さんがいて、高級外車の後部座席に座っているのが当然なのに……。

私は、不思議でなりませんでした。

そして、彼になぜ車を持たないのか、質問したのです。

すると……。

私の想像を超えた答えが返ってきました。

「私は、車は貯金の大敵だと思っています。いい車を持てば、年間百万円以上は維持費がかかるでしょう。それに人間の欲求は止められません。いい車を買ってもすぐに次のいい車に乗りたくなる。どんどん欲求がエスカレートしていくのです」

私にも覚えがあります。

車に興味のない私でも、周囲の視線は気になるもの。

男性だったら、彼の言うように際限なく、いい車を求めていくでしょう。

彼の話は続きます。

「だから私は、車を持たないのです。車がなければ、その分を投資に回せる。そのほうが合理的ではないですか?」

「年間百万円で、五年で五百万円か……、車の価格が八百万円として千三百万円あれば、都内でも中古のワンルームマンションならば買える。それを月二十万円で貸して、年間の家賃収入が、二百四十万円……」

私は、頭の中でそろばんを弾《はじ》いていました。

「でも、車は必要よね……」

私には、納得がいきません。

そこで、「プライベートでは、車は使わないってことですか？」と、質問をしました。

彼は、笑いながら、

「まさか？ 移動の自由は謳歌《おうか》したいじゃないですか。私は、ハイヤーを使うんですよ」

「なるほど……」

ハイヤーは、一般的な例で初乗り（最初の一時間または十五キロまで）で、一万円ほどかかります。超過料金は、三十分ごとあるいは、七・五キロごとに三千円ほどですが、利用頻度を考えると、車を所有するよりも、経済的なうえに高級感が味わえる。

何よりもプロの運転手さんは運転が上手なので、長時間乗っていても疲れないし、安全性はこの上ない。

ハイヤーの中は静かですから、趣味の読書が楽しめる。好きな音楽だって最高級の音響装置で聞ける。駐車場の心配もいらないからハイヤーがいい……と、彼は言うのです。

セレブは車を所有するものだと決めつけていた私は、考えさせられました。

「ハイヤーの利用を考えようかな？」

心が揺れたのは、事実です。

彼は車を持たなくなって、十年以上たつと言います。

そのためばかりではないでしょうが、彼の資産は確実に増えています。

Point ハイヤーを使えば「移動の時間」を「自分の時間」にできる

セレブはホテルのラウンジがなぜ好きなのか

セレブには、仕事の打ち合わせや友人との待ち合わせに、一流ホテルのラウンジを利用する人が多く見受けられます。

コーヒーの美味しい店があっても、有名なカフェがあっても、一流ホテルのラウンジにこだわるのです。

なぜでしょうか？

それは、ホテルのラウンジでは周囲の雑音に惑わされることなく快適に時間を過ごせるからです。

ラウンジのテーブルやいすは、隣との距離があって、周囲の話し声が耳に入りにくいですし、こちらの声も漏れにくい。

テーブルも広めで書類を広げるにはぴったりですし、イスもクッションが効いていて疲れにくいのです。

そのうえ、コーヒーのお代わりは自由ですし、長時間居ても嫌な顔をされない……と、至れり尽くせりです。

コーヒーは、一杯で千円は下りません。

サービス料も入れれば、千五百円近くになるところもあります。

それでも、セレブはホテルのラウンジを選びます。

この選択も、「車を持たずハイヤーを利用する」ことと通じるセレブの考え方なのです。

Point ホテルのラウンジのコーヒーは値段以上の価値がある

仕事の8割は人に任せる

「一生懸命働いているのに、仕事が片付かない」

「片付いたと思ったら、また仕事が持ち込まれる……」

プライベートを犠牲にして会社のために尽くしているのに、もたらされるものは、多くの疲労感とわずかな報酬。

「私はこんなに働いているのに、会社の評価はこんなものか……」

やりたいこともできず、忙しさに翻弄《ほんろう》されている。

そう嘆いている方も、いらっしゃるのではないでしょうか？

私もかつては、やりたいことができない苛立《いらだ》ちに、いつも悩まされていました。

「忙しい」と言ったところで、忙しさが軽減するわけでもないのに、「忙しい」が口ぐせで「私だけ、何でこんなに忙しいのか？」と、楚々《そそ》と仕事をしている人を羨《うらや》ましく思っていたのです。

「誰か手伝ってよ！」と思いながらも、「仕事を任せたら、絶対にミスをする」「ミスをしたくなかったら、自分でやらなくてはだめだ」と、仕事を抱え込んでいました。

自分のやり方だけが正しいと思いこんでいて、周囲の人から嫌がられてもいたのです。

「一生懸命に頑張れば何とかなる」

私はひたすら自分が働くことで、忙しさから逃れられると思っていました。

しかし、現実は頑張れば頑張るほど、仕事は増え、イライラが募るばかりでした。

そんな日々が続き……。ついに顔面神経痛と円形脱毛症を患《わずら》い、ダウンしてしまったのです。

寝込んでいる間に考えました。

「必死になっていただけで、成果はあがっていないではないか」

「私は、独り相撲をしていただけではないか？」と。

そして、冷静に周囲を見渡しました。

いつも楽しそうに仕事をしている人や輝いている人は、上手に仕事を人に任せ、浮いた時間を自分に投資しているのです。

時間に追われることなく、できた時間を勉強にあてたり、本を読んだり、人間関係を深めるために時間を費やしたり。

確かな目標を持ち、将来に向けた歩みをしています。

私のように、一生懸命のベクトルがずれた人などいないのです。

成果が出ないのは、仕事のやり方に問題があるから。

「仕事を思い切って任せることで、得られるものが必ずある！」

周囲のできる人たちを見習って、私は「仕事の8割を人に任せる」ことにしました。

「人の頭や時間、情報を上手に借りる」と決めたのです。


8割というと、多いのではないのか。そんなに任せて大丈夫なのかと、心配になる方もいると思います。

心配するのは、もっともです。

それまで、曲がりなりにも仕事をこなしてきたあなたには、8割もの仕事を任せるなんて常識外ですし、自分の仕事がなくなるような一抹《いちまつ》のさびしささえ感じるかもしれません。

しかし、どんな仕事もすべてが重要なわけではありません。ある人には重要でも、あなたにはついでの仕事にしかすぎない場合もあります。

私の経験則ですが、自分にしかできない重要な仕事は、全体の2割程度しかありません。実際、仕事ができる人は、仕事量の2割に労力を注ぎ、自分の価値を高めています。

ですから、誰にでもできる仕事に追われている人とは、違いができて当然なのです。


仕事を楽しみお金を稼ぎ、いいポストにもつく。

プライベートも充実していて、いつも輝いている。

私の周囲にいる成功者と呼ばれる人、セレブといわれる人たちは、余分な仕事をそぎ落とし2割の仕事に集中している人ばかりです。

私は、仕事の8割を人に任せる＝2割の重要な仕事しかしない「節約仕事術」が、人生を軽快に切り開くポイントだと確信しています。

さあ、あなたも仕事の8割を人に任せましょう。

Point まずは、人に上手に仕事を任せられるようになりましょう

セレブは底値を気にしない

底値《そこね》と聞いて、すぐに食品や雑貨など日用品をイメージした人は、「節約本」の類《たぐい》を日頃から読んでいる人でしょう。

確かに、最近の主婦向けの雑誌には、節約の決め手は「底値の把握《はあく》」がポイント、と書いてあります。

日ごろから底値をメモして、底値でなければ買わないとか、缶詰や乾物《かんぶつ》は底値のときには、すぐに使う予定がなくても迷わず購入し、給料日前のピンチ料理に備えてストックしておくなど、日用品の底値買いのアイディアが満載の雑誌が主婦を中心に好まれているようです。

そこにあるのは、「見た目の値段に騙《だま》されないように、グラム単位までしっかりチェックする」「チラシに目玉商品として掲載されていても、底値とは限らない」「同じお店のチラシも、一カ月分ためて、商品ごとの底値がいつくるか調べる」など。

数々の底値買いの知恵には、感心を超え感動すら覚えます。

底値を知るために、いくつものお店を回り情報を収集し、チラシを集め、それぞれのチラシの特徴をとらえ読みこなしている主婦の方もいらっしゃることでしょう。

こうした行動は、経済の動きを知るための生きた勉強です。

毎日チラシをしっかり読んでいれば、買い物のテクニックも確実にあがるでしょう。

「努力しているのに、上司は認めてくれない」とか「給料が上がらない」と、文句だけ言って、何の策も講じない男性に比べれば、はるかに前向きで堅実。

賢いですし、女性の危機管理意識の高さを感じます。

厳しい時代を生き抜く手段として、主婦といわず、賢い消費者ならば、「日用品の底値買い」は常識といったところでしょうか？

ハンバーグを作ろうと考え、牛と豚の合挽き肉をスーパーに買いに行ったのですが、鶏の挽肉が、底値になっていたので、「鶏のつくね団子」に献立をチェンジする。

ホイコーローを作ろうと、キャベツを買いに行ったら、キャベツが高かったので、安く売られていた青梗菜《チンゲンサイ》を購入し、キャベツの代わりに使う。

こうした底値を意識した行動は、発想を柔軟にして創造力を高めます。

既成概念にとらわれない行動からは、新たな発見もあるでしょう。

しかし、いつもこれでは家族から文句も出るでしょうし、我慢が募ってしまいます。

ある男性の愚痴です。

「まじめに働いて、それなりの給料をもらい、家に入れているんだよ。ギャンブルも浮気もしないで、家族サービスに努めているのだから、たまには本物のステーキを食べさせて欲しいよ……」

「本物って？」と、思った方も多いでしょうね。

実は、彼の家ではステーキといえば、ポークステーキのこと。

それも厚切りのステーキ用を使ったものではなく、薄切り肉を何枚か重ねて厚みをだした「ステーキもどき」ともいえるものなのです。

何でも奥さん考案の「節約ステーキ」らしいのですが、「今日は、ステーキよ、頑張って働いてねと言われても、力が入らない」と、彼はしきりにこぼしていました。

笑うに笑えない話ではありませんか？

底値を意識し過ぎた行動や度を越した節約では、家庭に笑顔がなくなります。

だいいち、底値調べのためには時間がかかります。なかには、底値を事細かく記したデータを作る人もいますが、こうなると、さらに時間も労力もかかります。

生活を楽しむことを忘れ、節約に弄《もてあそ》ばれているような気がしてならないのです。

「何でもいいや」と、底値で買ったものに囲まれて暮らしていると、モヤモヤとした満たされない気持ちが芽生えてきます。

そのモヤモヤを放っておくと、ある時頂点に達して、つまらないものを続けざまに買ってしまったり、ものの扱い方が乱暴になってきます。

日常使うものを疎《おろそ》かにしていると、「底値買いの銭失い」に、「底値買いのストレス買い」と、二つの損をしてしまう可能性もあるのです。

Point 底値調べのために時間をかけるのはムダ

時間を買う感覚がお金を増やす

私は、仕事場であるマンションの掃除を定期的にプロに任せています。マンションができて、三年たちます。

一見すると、新築と見間違うほど部屋も外観も綺麗《きれい》ですが、フローリングの床は光沢を失い小さな傷ができ、白い壁紙には、うっすらしみもあります。

私は掃除が好きで、日頃から朝いちばんの掃除は怠りません。

念入りに掃除をするために、早く出社することもあるぐらい、仕事場には気をつかっています。

整理整頓をし、掃除機をかけ、机を拭《ふ》き、ゴミを捨てる……。

主婦の方が家事として掃除をするのと違い、私の掃除は、その日一日を快適に効率良く仕事をするための儀式のようなもの。

仕事の初速を高めるための大切な行為です。

ですから、忙しい時でも朝いちばんの掃除は欠かせないのです。

そんな掃除好きな私でも、行き届かない場所があります。ガラス磨きやトイレ回りの黄ばみ落とし、フローリングのワックスがけ、レンジフードの汚れやエアコンの掃除などは、時間をかければできるでしょうが、どれほどの時間がかかるか分かりません。

しょせん、私は掃除好きの素人にしか過ぎないのです。時間と手間をかけ私が必死で掃除をしたところで、満足のいく仕上がりになる保証もありません。

そこで、ときどきプロに掃除をお願いしているのです。

費用は、掃除をする場所によっても異なりますが、一日仕事で八万円。エアコンの掃除や、フローリングのワックスがけが入ると十万円ほどかかります。

正直、私はこの値段は安いと思っています。

仕事場が以前にも増して綺麗になることで、意欲がわき、発想力が高まりいい仕事ができるのですから、絶対に安いと確信しています。

人それぞれ価値観は違っていて当然ですが、セレブは「五万円も払うなんてもったいない」とか、「八万円払うぐらいならば自分でやる」と言う人はいないはずです。

彼らは、「そういうことはプロに任せるのが当たり前」「賢い人ならば絶対に自分でやらない」と言うでしょう。

――自分にしかできないことはしますが、他の人でもできることはしない――

掃除は自分でできることですが、自分にしかできないことではありません。

いくら掃除好きとはいえ、プロが一日、技術の限りをつくして行った掃除を私が行おうとすれば、倍以上の時間はかかるでしょう。

それに、綺麗になったところで、疲れて翌日は寝込むかもしれません。

つまり十万円を節約したつもりが、三日間を失うことにもなるのです。

これは、時給が一三八八円の人ならばなんとかペイできますが、私の時給にはとうてい見合いません。

他の人でもできることはしないほうがいい、というのはこういう意味なのです。

私はこれが、究極の節約だと思っています。

セレブが、移動は必ずグリーン車やビジネスクラスを利用するのも、同じような理由からです。

ゆったりとしたシートで体を休めたり、落ち着いた空間で体調を万全にして交渉に備えたり、パソコンで仕事をしたり。

そうすることで、普通の倍以上のお金をかけても、十分おつりがくる利益をもたらしてくれるのです。

セレブは、「お金は自分の時間を買うためにある」と考えています。

逆を言えば、こう考えることで、仕事に好かれお金にも好かれる「本物のセレブ」になれるのです。

Point 〝自分でもできること〟と〝自分にしかできないこと〟を見極めるのがセレブ

第4章

自宅にお金をかけるとお金が貯まる

セレブはもてなしの心を武器にお金を引き寄せる

私は仕事を通じて多くのセレブとお付き合いをさせていただいていますが、ことに海外のセレブが開くホームパーティーにはいつも感心させられます。

レストランやホテルで開かれるパーティーも素敵ですが、自宅に招き、招かれるパーティーほど、楽しいものはありません。

外で開かれるパーティーは、どんなに気楽なものであってもビジネスの匂いがします。大人数で行われるパーティーになればなるほど、人脈をつくろうとかビジネスパートナーを探そうとしている人がいたり、名刺交換マシーンのように行動する人がいたり。落ち着かないものです。

会費制のパーティーでは、参加費の分を取り戻そうと飲み食いに走っている人もいます。価値観の合わない人とも、口をきかなければならないこともあります。

いずれにしても、外で行うパーティーでは、落ち着いて話す雰囲気にはならないもの。ましてや、そこで誰かと親しくなって、一気にお互いの距離が縮まることなど、まずないといえます。

ホームパーティーは親しい人や、親しい人が招いた人。安心して心を許せる人だけの世界です。ですから、人目を気にせず、本音で語り合うことができます。普段は見せない顔を垣間見ることができ、他では絶対に聞けない話を聞くことができ、参加者の心が一つになるのです。

日本人は、ホームパーティーを開くとなると、肩に力が入ってしまい、料理や飲み物の用意、テーブルセッティング、部屋の掃除、レイアウト、花、お土産の手配など。人を招く日を、特別な日にしてしまいます。

親しい人だけを招くホームパーティーであっても、とびきり上等のものを揃《そろ》え、かえって、お客様に気をつかわせてしまうこともあります。

頑張りすぎてお金を使い、疲れ果ててホームパーティーはこりごりだ、という人も多いのではないでしょうか。

一方、海外のセレブが開くホームパーティーは、料理や飲み物よりも「誰を呼ぶか、いかにくつろいでもらおうか」を考えています。

正式なディナーパーティーを催《もよお》す場合でも、無理はしません。

ホスト（ホステス）がくたびれ果てて無愛想な顔になったら、パーティーは台無しになってしまうからです。料理人を雇って行うパーティーをのぞけば、料理はいたって簡単なもの。

気軽なパーティーでは、サラダボールいっぱいのサラダ、スティック野菜やクラッカーのそばには数種類のディップソース、チーズやフルーツの盛り合わせ、グラタンやピザ、スモークサーモンやローストビーフなど。

手作りにこだわらず、デリカテッセンや冷凍食品を利用することもあります。

あとは数種類のソフトドリンクと、ワインやビールがあればいい……。

夏休みになれば、子供を交えたBBQパーティーで家族ぐるみの付き合いをしたり、好きな音楽を聴くためのパーティーがあったり、自慢の絵画を見せるため、趣味の世界を広げるためのホームパーティーもあります。

以前、私はハワイ在住のセレブが開いた「オーガニック食材に親しむためのホームパーティー」に参加したこともありますが、コンドミニアムの前に広がる海原と波の音、風や空気感がパーティーを引き立てて、忘れられない思い出になりました。

この日は一切音楽はなし、たばこも禁止。参加者はナチュラルな素材の服を着てくること素足が約束でした。

私は綿素材のワンピースを着て参加したのですが、ホストはアロハシャツ、奥様はムームー。自然体のおしゃれで、ことのほかくつろげたのです。

パーティーのテーマである「オーガニック食材に親しむ」にぴったりのロケーションと気づかいに感激したものです。

料理も、いたって自然体でシンプルでした。

オーガニック野菜を使ったサラダ、煮込み料理、天然酵母を使った手作りパン、奥様手作りの野菜ケーキ、オードブル、ワインもオーガニックのブドウを使ったもの。

派手さはないのですが、どれも心にしみる味でした。

その日、波の音を聞き夕陽を見ながら、語り合った方々とは、五年たつ今でも仲良くさせていただいています。

私はそれまで、ホームパーティーには嫌悪感がありました。

面倒、手間がかかる、疲れる……。

私の嫌悪感はお客様をもてなす心よりも、パーティーの形にとらわれていたから生まれたものでした。

料理やアルコール、お土産、テーブルセッティングなどがいくら素晴らしくても、もてなしの心が欠けたパーティーは、印象に残りません。

セレブは、もてなしの心を武器に人の心を引き寄せるのです。

運や縁を運んでくるのは「人」です。

いい人が集まるから、いい出会いがうまれ、ビジネスチャンスやお金も後から自然についてくるのです。

それから私は彼らを見習い、ホームパーティーだけでなく、自宅や事務所に積極的に人を招くようになりました。

そして、以前にも増して中身の濃いお付き合いができるようになり、「ついている」と、感じることが多くなったのです。「仕事も人生も楽しい」と、心から思える自分になれました。

Point がんばりすぎないホームパーティーが、いい出会いとお金を呼ぶ

家をいつでも見せられる状態にしておく

家や事務所に人を招き入れることを避けていたころの私は、「ちょっと近くまで来たものだから……」と、突然玄関のチャイムが鳴ると親しい友人であっても「えっ？　何で？　だったら電話の一本も先にしてよ」と思い、露骨《ろこつ》に嫌な顔をしていました。

そして、「ちょっと、待ってて！　ロビーのソファーで座っていて」とか、「駅の近くに○○というカフェがあるから、そこでお茶でも飲んでいてよ。私もすぐに行くから」。大急ぎで身支度を整え、慌てて出かけたものでした。

同じような経験が、あなたにもあるのではありませんか？

突然、約束もなしに訪ねてくるほうが悪い。待たせてもしかたがない。

忙しいのならば、会わなくてもいいのではないか？

いろいろな考え方があると思います。

本当に忙しいときならば、「ごめんなさい、手が離せないの。あとで連絡するわ」と言えばいいのですが、その場合も、インターフォン越しに断るのはそっけない気がします。

相手が明らかに招かれざる客ならば気にすることはありませんが、親しい人や大切に思う人ならば、とりあえずは家に招き入れて、お茶を入れるぐらいはするべきではないでしょうか。

仕事がのっているときには、急用以外の電話には応じない私ですが、わざわざ訪ねてきてくれた人には、「忙しいので会えません」とは言いません。

十五分だけとか、何時までなら大丈夫と、時間を区切って会います。

人を招き入れたくないのは、忙しいからでしょうか?

いいえ、違います。

ほとんどの場合、家の中が散らかっているから、とても人に見せられるような状態ではないから、家の中がぐちゃぐちゃで居心地が悪いのに、人を招き入れるなんてとんでもない、恥ずかしいから、といったところが理由でしょう。

こういう人に限って、友だちを家に招く時には、前日から大騒ぎで掃除をし、とびきり高級なケーキを頼み、普段は使わない豪華なコーヒーカップを引っ張り出してきたり。テーブルには、のりの効いたテーブルクロスをかけ、ベネチアンガラスや年代ものの花瓶にお花を生ける……。

普段やらないことを、大慌てで行うのです。

本人は「これで完璧」と思うでしょうが、招かれるほうは、案外居心地の悪さを感じているのです。

なぜでしょうか？

日常とは見間違えるような室内では、違和感を覚えます。

いつもは使わない高級な食器、この日のためにピカピカに磨いた銀のスプーンやフォーク、ホテルにおいてあってもおかしくないような立派な花、晴れの日に使おうとしまいこんでいたランチョンマットを引っ張り出し……。

その気の使い方は嬉しいですが、申し訳なさを感じてしまうのです。

「気軽にお邪魔できないな……」

「気のおけない付き合いをしたいのに、無理かも……」

そう感じてしまいます。

いつも居心地のいい空間を作り、そこに人を招く。

居心地の良さは、空間や道具に自分がしっかり馴染《なじ》んでいることが大きいのです。

招かれたほうも、おろしたて、買いたて、明らかに高級品と分かるものに囲まれていると、よそよそしさや冷たさを感じてしまいます。

せっかくの気づかいが、裏目に出るのです。


我が家はいつも、自分が居心地のいいように整えておきましょう。

私は、朝いちばんに部屋を整え、掃除機をかけ、ゴミを捨て、気になるところは雑巾をかけます。散らかったままの部屋は、自分にとっても居心地が悪いからです。

自分にとって居心地が良ければ、招かれるほうも居心地がいいのです。

家は、いつも見せられる状態にしておき、普段のままの空間に、人を招き入れるようにしましょう。

このほうが、お互いに気軽で過ごしやすいのです。

Point 家は〝普段のまま〟をいつも見せられる状態にしておく

持ち家で楽しむコツ、賃貸で楽しむコツ

家は誰にとっても大事な財産です。

東京ならば、一戸建てで五千万円以上はしますし、マンションでも四千万円はします。一般的なビジネスマンの年収の十倍近くもするのですから、財産としての家に思い入れのある方も多いことでしょう。

しかし、一部の富裕層を除けばほとんどの場合、家を購入する場合にはローンを使います。

ローンを返すために、残業もいとわず働いている。転職したいのですがローンを返済中なので、嫌な仕事でも我慢している。奥さんも働きに出て、家計を支えている。節約に勤《いそ》しむ。ローンの返済に追われるあまりに、家族の仲がぎくしゃくしている……。

こういった話はよく聞きます。

また、家を手に入れても、修繕費や固定資産税などのコストがかかります。

財産とはいっても、そこに住んでいる限り、利益を生むどころか持ち出し＝負債が多いのです。

ローンの返済と、持ち出しのダブルパンチに見舞われるくらいならば、賃貸のほうがいいかも……。

賃貸に住む場合であっても、お金はかかるのですから、単純にどちらが得かの結論はでません。住宅ローンの金利や家賃の相場がこれから先どうなるかは、確実に見通せる人など皆無に等しいのですから。

ただ、「家は財産だ」という常識は、少し違うのではないでしょうか。

家は、売ればお金になるわけですから、その意味では財産です。

しかし、その価値は、地価が高騰するなど特別な条件にならない限り、年々減っていきます。

築二十年もたてば、建物の資産価値などほとんどないと言っていいでしょう。

一戸建ての寿命は三十年といわれています。

それを過ぎれば、リフォームに多くのお金をかけることになります。

マンションでも管理体制が悪ければ、やがて廃墟のようになりますし、管理体制のいいマンションは、びっくりするほど管理費が高いのです。

家の資産価値が何かの原因で上がっても、そこに住み続けていれば固定資産税が上がり、持ち出しは増えていく。

「持ち家は財産」という感覚でいると、当てが外れることも多いのです。

ここまで持ち家は不利のように書いてきましたが、「持ち家は財産」という考え方から「持ち家は自由な遊び場」という考え方に変えると、持ち家のメリットを活かした楽しみ方ができると思います。

賃貸は、内装を自由に変えることはできません。

壁に釘を打ち付けることも、壁紙を張り替えることもダメです。

「この棚は邪魔だ」「このシンクは使いづらい」と思っても、勝手に変更することなどできないのです。

ですから、自分らしい住まいを作ろう、最高の空間を作ろうと思っても、一〇〇％の居心地の良さを追求するのは不可能です。

しかし、持ち家ならば、それがすべて可能なうえに、費用はかかりますが、何度もやり直せます。

外装も内装も、どんな風にしても、近所に迷惑の及ばない範囲ならば構わないのです。

私の友人は、家を購入したことをきっかけに、学生時代に熱中していたバンド活動を再開しました。防音装置を施した地下室を造り、そこをスタジオにして、休みのたびに友人が集まり練習をしています。時には、ミニコンサートを開くこともあるそうです。

ピアノを習っているお嬢さんと、二人に影響を受けて最近ギターを始めた奥様と、セッションをしたり、家を自由に楽しんでいます。

また、ある友人は持ち家に茶室を造り、趣味の茶道で心を穏やかにするとともに、お客様のおもてなしにも使っています。

愛犬と遊ぶためのドッグランを作った人や、ワインセラーを作った人、バーベキューコーナーを作ってホームパーティーを楽しんでいる人……。

持ち家は、無限に楽しみを広げる「自由な遊び場」なのです。

一方、賃貸はどうでしょうか。

それなりの規制はありますが、楽しむことはできます。

週末を過ごすために伊東に家を借りているD氏は、サーフィンや釣り、クルージング、磯遊びと、アウトドアを満喫しています。

家から歩いて五分ほどのところに海岸があって、駅までは車で十分です。

リビングからは地平線が見え、太陽の動きや風を感じられる最高のロケーションです。

伊東に家を探す際、彼はあえて賃貸を選びました。

なぜでしょうか。

リゾートマンションを買おうとすると、二千万円ほどかかるうえにリゾートマンションの管理費は都心の倍以上はします。持ち出しが大きいのです。

しかし賃家ならば、十五万円も出せば立派な家が借りられるうえに、管理費はほとんどかかりません。セキュリティーのために、幾らか払えばすみます。

D氏はこれからもリゾートのためには、家は買わないと言います。

また、都心の一等地のマンションの最上階に住んでいるT氏は、家を持たない主義を貫いています。リビングは六十平米ほどもあるでしょうか、東京タワーや、新宿副都心が見渡せ、家賃は百万円を下らないと思います。

なぜ彼は家を買わないのか……。

独身であることも理由ですが、賃貸に住むことで、税金など浮いたお金を投資に回すのだそうです。

「高い家賃を払うぐらいならば、買ったほうが得なのではありませんか？」

私の質問に、

「家を買えばそれに縛られるでしょう。他にいい物件が出てきても、簡単に買い替えることはできません。賃貸ならば、最高のロケーションを探し続けることができますからね」

「それに、住まいを変えることで、気分が一新して新たなビジネスのアイディアが浮かぶし、環境を変えると見えてくるものがあるんですよ……」

実際、彼は二年に一度は住まいを変えているのです。

最高の場所を追い求める。

賃貸の楽しみは、ここにあるのかもしれませんね。

Point

持ち家は「自由な遊び場」と考える

家では一生懸命を捨てる

「家でお茶しませんか？　今度の土曜日はどうですか？」と、ある女性に誘われました。

彼女は、いくつもの美容室を経営しています。

経営手腕もさることながら、ファッションや身のこなしもカリスマ女性社長そのもので、私は以前から興味をもっていたのです。

噂では凄《すご》い豪邸に住んでいて、家でも大きな宝石を身につけているとか、専属の料理人がいて、いつも豪華な食事をしている。自分ではお茶も入れない……。

そんな彼女の誘いですから、私は興味津々お宅に伺いました。

「どんなお宅なのかな？」

「彼女だったら、どんなおもてなしをするのかな？」

ワクワクドキドキ、緊張していたのです。

お宅に伺って、驚きました。

いつもは、ばっちりメイクをし、パンツスーツを着こなしている彼女がナチュラルメイクで、白いブラウスに紺のスカートといったシンプルな装いで現れたのです。ゆるくウエーブのかかった髪は、いつものアクティブな彼女とは違いエレガントそのものでした。

私の驚く様子を、彼女は楽しんでいるようです。

「びっくりした？　家では私、こんな感じなのよ」

どちらの彼女も魅力的なのですが、別の面を見てますます彼女に興味を持ちました。

そして……、お茶の席が始まったのです。

専属の料理人やお手伝いさんが給仕するとばかり思っていたのですが、彼女が紅茶を入れました。テーブルには、スコーンと一口サイズのサンドイッチ、パウンドケーキが並んでいます。

どれもおいしそうなのですが、手作り感があって、プロが作ったとは思えません。

――まさか、彼女のお手製ってことはないよね？

「どうぞ、召しがって」

まず、サンドイッチをいただいたのですが、食べやすいうえに、中に挟まれているきゅうりとスモークサーモンのバランスが絶妙なのです。

スコーンもサクサクした感触が美味しい……。ほっとする味です。


私たちはお茶を楽しみ、会話を楽しみました。

「臼井さんとは、一度じっくりお話しがしたかったの」

「家だったら落ちついてお話しができると思って……」

嬉しくなって、私は質問をしました。

「今日のお菓子は、社長様の手作りですか？」

何でも、彼女はケーキ作りが趣味だそうです。

パウンドケーキやスコーンならば、時間がある時に焼いておけます。

そうすれば、お茶をする日はサンドイッチを作るだけで、忙しい思いも特別な出費もしないで済みます。

お客様は心のこもった気づかいに満足するうえに、時間も有効に使える。

無理はしないで、彼女ならではの最高のおもてなしができるというわけです。

それまで、一生懸命おもてなしをすることばかりに気を取られていた私は、目から鱗《うろこ》が落ちる思いでした。

一流の料理、一流の飲み物、一流のサービス、どれもお金をかけることが一番いいと思っていた私です。気づかいは、お金使いだと感じていたのも事実です。

お金をかけられないなら、時間や手間をかけて……もいいでしょう。

しかし、無理は続きません。

無理な気づかいは、自分を疲れさせるばかりか、相手も困惑してしまいます。

家では、一生懸命を捨てましょう。

そうすることが、自分にも人にも、優しくすることになります。

Point 無理な気づかいをしないことで人に優しくなれる

ホームバカンスで楽しむ

最近、私は「ホームバカンス」にはまっています。

「ホームバカンス」とは、家で思いきり楽しむこと。

自宅でなければ味わえない、上質の安らぎを得ることをいいます。

日頃忙しさに追われていると、食事も忘れて仕事をしていることがあります。

一日中パソコンの前に座り、原稿を打ち続けていると、日が暮れるのを忘れることもあります。

その時は気づかないのですが、後になると疲れがどっと出るのです。

そのまま無理を続けていれば、集中力が欠け、大きな失敗をすることも考えられます。

ですから、自宅でくつろぐ時ぐらいは、仕事を忘れて思いきり楽しもう。

ホームバカンスと言えるぐらい、生活を楽しもう。

それが、「仕事を円滑《えんかつ》にする栄養」になると考えたのです。

もとはといえば、あるセレブのお宅に伺ったことがきっかけなのですが……。

その方の家には、大きなサンデッキがありました。

そこは、冬になっても太陽が差しこみ、飼い猫のルルちゃんが、まったりと寝ころんでいます。

サンデッキから続く庭にはみかんや柿の木があり、季節を迎えると、たわわに実ります。サンデッキから眺める景色は、何とも言えない穏やかなものなのです。

私は一目で気に入りました。

そして、生活に取り入れようと決めたのです。

私のマンションには、専用の庭が付いています。

小さな庭ですが、半分ぐらいにウッドデッキを敷き詰めリビングの延長のように使っています。ガーデンテーブルとイスを置くと、セレブのお宅のサンデッキには及びませんが、満足のいく空間ができあがりました。

青空が手に取れるように見え、遠くには海も見えます。

鳥のさえずりや、植物の匂いを感じることができる贅沢《ぜいたく》な空間ができたのです。

お天気のいい日には、ここでお茶を楽しんだり、趣味のビーズ刺しゅうをしたり、一日の大半を過ごすこともあります。

庭でとれたローリエやローズマリーを乾燥するのも、この場所です。乾燥したものは、お風呂に入れたり、肉料理に使ったり、化粧水を作るなど。

この場所があればこその楽しみを、見いだせました。

とりたてのアジやイカを利用して干物を作ったり、梅を漬け込むのもこの場所です。

私は、第二のリビングのようにして楽しんでいます。

夏には、ディナーをここでとることも珍しくありません。

アルコールを飲まない私ですから、ていねいに入れたお茶を片手に、「晩酌《ばんしゃく》」ならぬ「晩茶」をしながら食事をするのです。

自然の息吹に触れながらの食事には、ごちそうなんかいりません。

自然がスパイスになって、何でもないメニューが本当に美味しく感じられるのです。

これらは、庭やサンデッキがなくても、マンションのベランダでも工夫すれば、楽しめることです。

それが無理でも、近所の公園や緑地にサンドイッチやおにぎりを持参して自然に触れる。少し外れますが、これも「ホームバカンス的楽しみ方」の一つとしてお勧めできます。

「ホームバカンス」は、心を癒《いや》す最高のものです。

外に遊びに行くのも、それは楽しいものですが、人目を意識しない「ホームバカンス」に費やす時間は英気を養うために、絶対に必要です。

そして、セレブといわれる人は、例外なく「ホームバカンス」を楽しんでいます。

「ホームバカンス」を意識するようになると、心から人生を楽しむためには何が必要なのか。家を楽しむことが、人生を豊かにするコツだと、実感するようになります。

「海外旅行」や「レジャー」にお金を使わなくても、「ホームバカンス」でそれ以上の楽しみややすらぎが得られるのです。

Point 家の中に〝第二のリビング〟を作りましょう

熟眠バカンスで自分をリセット

「ホームバカンス」の中でも、私がこだわりを持っているのが、「眠ること」です。

私は、営業や講演で年に三十日ほどは、旅先のホテルで休むのですが、仕事が気になり、眠ることがなかなかできないのです。

眠ろうとすれば、「ああしたい、こうすればよかった」と思いが頭の中を駆け巡ります。

普段から眠りが浅く、ちょっとした物音でも目を覚まし、それからは寝つけないこともたびたびな私ですから、環境が変われば、余計に眠れなくなるのです。

七年ほど前には、不眠症に悩まされていたこともあって、眠ることには人一倍神経質になっています。

「また、あの頃に逆もどりか……」

そう思うほど、眠れないのです。

こうした状況は、悩みがある時ばかりではなく、いいことが続いたときでも起こります。いいことが続けばテンションが上がり、神経が高ぶるからなのでしょう。

「最高の節約は健康でいることです」

最近、ある有名な経営者の方に聞いた言葉です。

「病気の時に医者に支払うお金や、薬代ほどもったいないことはありません」

「人は健康な時が一番幸せなのに、病気になって、不幸せなときにお金を支払うのだから、これほどもったいないことはないでしょう」

確かにそうです。

おまけに、不幸せな状況で支払うこのお金は、びっくりするほど高かったりします。

病院に行けば、多くの時間を費やすことになり、大切な時間がどんどんなくなっていきます。病気になれば、自分らしい生き方ができなくなります。

健康が何より大切であり、その健康を支えているのが睡眠。

——最高の節約は健康でいることです——

この言葉を聞いてから、私は余計に睡眠の重要性を感じました。

改めて、周囲を見渡せば成功者といわれる人、長く活躍を続けている人は、睡眠にこだわりを持っています。仕事のスケジュールを立てる前に、睡眠のスケジュールを組んでいる人もいますし、睡眠を確保するために、移動はファーストクラスを利用し、車にベッドを備えている人もいます。

仕事が忙しいから、睡眠を削る。

睡眠は二の次で、仕事をするという人は、セレブには少ないのです。

あるセレブは、熟眠するために最高の寝心地のベッドをオーダーしました。

その価格を聞いてびっくり……、五百万円です。

熟眠を促す音楽や香り、明かりを工夫している人。羽毛布団や枕、パジャマにこだわりを持つ人。眠る前に必ずリキュールを一口飲む人もいれば、マッサージを欠かさない人もいます。

眠ることに、セレブはお金を惜しみなくかけているのではないでしょうか。

それが、健康を維持し、結局は節約につながることを、彼らは知っているのです。

私も、眠る前にはストレッチをしたり、足を温めたり。

寝室の温度や湿度、照明、音楽いろいろと工夫をしています。

ベッドは寝心地を重視して選んだ結果、家具の中では、一番高い買い物になりました。

それでも、眠れない日が続くと、休みの日の前日には、マッサージ師さんを呼んで、二時間ほど体をほぐしてもらいます。そのあとは、そのまま眠りにつきます。

こうした時には、次の日の予定は入れず、あえてパジャマのまま、一日を過ごすのです。遅めに起きてブランチをいただき、そのあとは、マッサージしたりパックをしたり、お風呂で本を読みながら半身浴もします。眠くなったら、ベッドに入って眠り、目覚めたらミネラルウオーターを飲んでまた眠りにつく……。

いつもではないですが、こうした睡眠一色の休日があってもいいのではないでしょうか。

日頃、集中して仕事をしているからこそ、このだらだら感が、心身ともにリセットできる要因になるのです。

お金はかからないのに仕事の効率がグッと上がる「熟眠バカンス」。睡眠一色の休日は、節約を心がける人ならば、生活に取り入れてほしいと思います。

Point 睡眠には徹底的にこだわりましょう

第5章

見た目にお金をかけると お金が貯まる

見た目が悪いとお金は集まらない

三十代のころ、香港で有名なセレブのパーティーに招かれた時、私は愕然《がくぜん》としました。参加されていたどの女性も、肌が赤ちゃんのようにつるつるしていて、美しいのです。顔はもちろんですが、ドレスからのぞく首から胸にかけての「デコルテライン」は、女性の私でも触れたくなるぐらい綺麗《きれい》で、肌の美しさには多少なりとも自信を持っていた私も、自信を失いました。

そして、肌の綺麗さをアピールするかのようにみんなが薄化粧なのです。なかには、ファンデーションをつけずに、目と唇だけのポイントメイクをした女性もいました。

また、握手をして気づいたのですが、男性の手の綺麗さといったらありません。爪はきちんと手入れをしてあって、手の甲はすべすべ。

そのことだけでも、握手をした人は関心を持ってしまうと思いました。

日本では握手をする習慣がないからでしょうか、セレブであっても手の綺麗な男性にお会いした経験はありません。節くれだっていていかにも働く手。日焼けしていて、ごつい手といった方が多いのです。香港のセレブな女性のように、肌の綺麗な女性は少ないですし、薄化粧やノーファンデーションで堂々と、パーティーに参加する女性となると極めて稀《まれ》なのではないでしょうか。

貿易会社を営むミセスKは、四十七歳です。

彼女は、「フライトアテンダントよりも、私のほうが空の上にいる時間が長いわ」というほど世界各地を飛び回っています。海外旅行をされた方ならば分かると思いますが、飛行機の中は、ひどく乾燥しています。

また時差のある国への渡航は、体調を崩すことも多くあります。

飛行機の移動が多ければ、運動不足になって太る心配もあります。

そんな過酷《かこく》な状況にいることが多い彼女なのに、その肌はむきたての卵のよう。

髪の毛は、シャンプーのコマーシャルに出てくるモデルさんのような美しさ。

そして、三十歳といっても十分通用するほど、バランスの取れたスタイルをしているのです。

どんな化粧品を使えば、そんなに綺麗でいられるのか？

どんな生活をしていれば、彼女のようになれるのか？

私は、その秘密を聞いてみました。

すると、興味深い答えが返ってきたのです。

「確かに、見た目には人一倍気を使っているけれど、特別なことはしていないわ。しいていえば、あなたがやらないことをしているかしら？」

実は、彼女は手作りの化粧品を使い、高いシャンプーを使うよりも洗い方に気を配り、運動不足を解消するために、できる限り階段を利用していました。

美容のために莫大なお金をつぎ込んでいる、と考えていた私は驚きました。

これは、主婦雑誌に載っている「節約術」と変わりないではありませんか。

「驚いた？　でも、信念があってやっていることなのよ」

「信念……？」

「そう、信念よ。人は外見で判断するものでしょ。見た目が悪いと、運や縁を運んでくれる人に巡り合う確率が低くなるのよ。だからどんな時でも私は自分を磨くことは怠らないの」

彼女は、お金持ちになるには、まず見た目だと言うのです。

どんなに能力があっても、見た目が悪ければ人は興味をもたない。興味をもたれることが、幸運に巡り合う確率を高めることになると。

確かに、サイズのあっていない服を着た人や、髪や肌の手入れを怠《おこた》っている人を、好ましいとは思いません。

「セレブ」や「実力者」といわれても、情けない風情をしている人とは仲良くなりたいとは、考えないでしょう。

「外見よりも中身で勝負」といっても、人は第一印象で好ましい人かそうでないかを判断してしまうものです。

ですから、第一印象で「冴《さ》えない人だ」と判断されれば、それ以上、踏み込んだ付き合いにはならないと言えます。

外見を磨くことは、キャリアやスキルを磨くこと以上に大切なのです。

そして、外見を磨くことにも、ミセスKは信念があると言いました。

彼女の信念とは、

①時間をやりくりしてたまにエステに行くよりも、毎日できることを徹底してやる

時間と効果を秤《はかり》にかけて実行していると言います。

②必要以上のお金はかけない

美しく健康でいることは、大金をつぎ込まなくてもできる。太ったからといって、痩身《そうしん》サロンに通うなんて、無駄遣い以外のなにものでもないと言います。

――高級な宝石やドレスが似合うのも毎日の自分磨きから――

そして外見を磨く努力をしていると、自然に知性や教養も磨かれていきます。

そうすることで、自分自身がお金を引き寄せる磁石になって、自分の才能や能力を最大限に伸ばせ、金銭的な成功を達成できるのです。

セレブは、自分を磨くことを絶え間なく続けている人。

外見を磨くことの意味を、知っている人なのです。

Point セレブは手・爪・肌の手入れに気をつかう

セレブはいつでも笑顔で運を味方にする

「臼井さん、経営者としてさまざまな勉強をするのはいいけれど、先ず、笑顔を磨きなさい」

「笑顔は、最高のスキルなんですよ」

私が経営者になりたてのころ、尊敬する方からいただいた言葉です。

この言葉を初めて聞いた時、私は違和感を覚えました。

「笑顔が大切なのは分かっている。でも語学を身につけたり、交渉術を磨いたり。ビジネスに直結するスキルを得るほうが役に立つのでは……」

私は、納得できませんでした。

実は、「笑顔は最高のスキル」という意味は、二つあるのです。

一つは、運の強い人や大物といわれる人たちは、明るい笑顔を振りまく、自分をさらに輝かせてくれそうな人にしか近づかない。だから、笑顔を身につければ、自然に有益な人に出会うチャンスが、増えるということです。

笑顔は、誰にでもできるようで実は、誰もができないものだから、いつでも笑顔でいられる、笑顔になれる人は、それだけで人よりも抜きん出ることができるのです。

確かに、魅力的な笑顔の持ち主は、いつまでも印象に残ります。

私自身、ある方に出会い、ものの三秒で、その笑顔に吸い寄せられるように、話に聞き入ってしまったことがあります。

「私にとってプラスになる人だわ」

「絶対に仲良くしたい！」

笑顔の人には、心を開いてしまうのです。

二つ目の意味は、いつでも笑顔の人には、人は余裕を感じ、余裕が豊さを印象づけるということ。

お金にも人にも恵まれていたとしても、いつも厳しい表情を浮かべている人からは余裕を感じません。その表情が、人を遠ざけ縁を遠ざけ、今以上の成功や発展は得られないのです。

逆を言えば、お金の余裕がなくても人づきあいに悩んでいても、とびっきりの笑顔を作れる人ならば、人も運も近づいてくる。

今、困難な立場に身を置いていても、必ず立ち直ることができるのです。

「笑顔は、運を作用する重要な要素」ということです。

私がこの事実に気づいたのは、言葉をいただいてから半年が過ぎたころでした。

当時、経営する会社は資金繰りに苦慮《くりょ》していました。

商品を開発し、ヒットの兆しが見えてきたのに、先に進むためのお金がなかったのです。金融機関に融資をお願いするにも担保がなく、私には資金調達の知識もありません。あったのは、開発した商品をヒットさせたいという思いだけでした。

余裕のない現状を考えれば、とても笑顔が出るはずもありません。

しかし、経営者としてのスキルのなさを感じていた私は、半信半疑ではありますが、「笑顔は最高のスキル」を、胸に刻み実行していたのです。

アイドルの笑顔の写真を眺め真似をし、笑顔の印象的な人のしぐさを盗み、「臼井さん」

と声をかけられれば、笑顔を向けて元気に返事をする……。

そうするうちに、辛い状況でも厳しい顔にならない。いつも余裕のある笑顔ができるようになっていました。

すると、不思議なことが起こり始めたのです。

融資をしたいという金融機関が現れ、取引をしたいというお客様が日を追うごとに増え、一気に会社の状況が好転しました。

「笑顔が運を運んできてくれた」のです。

「人は幸せだから笑うのではなく、笑うから幸せになる」

これは大脳生理学的にも認められた説です。

幸せそうに見える人は、幸せだから笑っているのではなく、笑顔を絶やさないから幸せになるのです。

笑顔は幸せの結果ではなく原因ということです。

今、恵まれている人も順調な時ばかりではありません。

羨《うらや》む暮らしをしているセレブであっても、人には言えない悩みを抱えているかもしれません。

「運に恵まれているから笑顔になるのではなく、笑顔をすると運に恵まれる」

私の知る限り、セレブは笑顔の意味を理解し実行している人たちです。

「笑顔になるにはお金はかからないけれど、笑顔を失うとお金は逃げていくの」

「だから私は、どんな時でも笑顔なのよ」

これは、あるセレブの言葉です。

笑顔を出し惜しみしない人、笑顔を節約しない人がセレブになれる。

私は信じて疑いません。

Point セレブは〝笑顔〟だけは節約しない

お金に嫌われる話し方とは

お金に恵まれるためには、やってはいけない話し方があります。

①マシンガンのようにたたみかける話し方
営業トークならば許せても、勢いで相手を威圧《いあつ》する話し方は、好感をもたれません。間を置かない話し方も、相手に考える余裕を与えず、言いたいことも理解してもらえず、誤解を生みます。

②難しい言葉や横文字、業界用語などを使う
難しいことでも、分かりやすい言葉で簡単に話せる人が、好かれる人になれます。自分の知識を振りかざすように、横文字や業界用語を多用する人は、本当にできる人からみれば、浅はかにしか写りません。

③ネガティブな言葉を使う
「どうせ私なんて」と、自分を卑下《ひげ》する。
「無駄よ」と、行動する前にあきらめる。

「○○のせい」と、物事の結果を他人の責任にする。

これらは、自分の価値を下げ、運を逃がす代表格の言葉です。また、不平不満、愚痴《ぐち》もネガティブな言葉であり、笑顔を失わせる原因になります。

④結論を後回しにして、プロセスを先に話す

いいことでも悪いことでも、先ず知りたいのは結果なのです。

「○○だからこうなった」という話し方では、失敗した場合は「言い訳」に聞こえ、成功した場合には「自慢」に聞こえます。

それに誰もが忙しいのですから、結論を先に伝えることが相手の大切な時間を奪わない「エチケット」でもあるのです。

⑤いつでも会話の主導権を握ろうとする

話の主導権を握れば、注目される。優れている人だと思われる。

会話の主導権を握ることは、自分の価値を高めると考えている人は、多いものです。

そのために、相手の話を聞くよりも、話をしたがる。

「私は」、「私の場合は」と、主語がいつも私で始まる人には、ガツガツとした印象を持ちます。そうした話につきあってくれるのは、同じようにガツガツした人。

うまい話がないかと、獲物を狙っているような人だけです。

これら五つは、人づきあいのマナーとしてもやってはいけない、と分かっている人がほとんどでしょう。しかし、分かっていてもできないのです。

普段はできていても、目の前に自分の運を左右しかねないようなキーマンや、お金持ち、憧れの人が現れると、自分を知ってほしい、有能に見せたいと思う気持ちが先走り、つい、やってしまうのです。

セレブは多くの人を見てきています。

経験則ですが、自分にとって利益になる人かそうでない人か、を瞬時に判断しています。その判断基準が先の五つなのです。

もちろん、私も自分の価値を下げないために、これらを戒《いまし》めにしています。

Point ネガティブな言葉を使うと幸運が逃げる

お金に好かれる話し方

一方、お金に好かれる人は、どんな話し方をしているのでしょうか？

何といっても、相手を包み込むような、余裕のある話し方をするのが彼らの特徴です。

会話の主導権を握ろうと躍起になる人や、自分のことばかり話す人、自己ＰＲに余念のない人などいません。

私はこれまで、多くのセレブとつきあってきましたが、ただの一度も、いわゆる「空気の読めない会話をする人」に出会ったことがないのです。

彼らは、「こんにちは！」や「おはようございます」の挨拶《あいさつ》ひとつにしても、笑顔をたたえながら伝え、少なくとも二秒は間をおいて相手の反応を確認してから、会話を始めます。

実はこの間が、大切なのです。

挨拶の後に間をおくと、相手は「この人は自分にとって好ましい相手なのだ」と考え「挨拶の後にどんな話がでるのか」と考える余裕ができます。

心を開くのです。

そして、話すスピードはやや遅めで、態度はゆったりと話し始めます。

すると、自然に相手はひきこまれてしまうのです。

会話も態度も、余裕を持つ。

そうした態度でいれば、同じように余裕のある人が集まってきます。

自然と、運が高まり縁も深まり、お金も集まってくるのです。

あるセレブが、私に教えてくれました。

「余裕ある話し方をしないと、投資家を納得させられない」と。

私たちの生活に置き換えれば、ガツガツした話し方を封印しなければ、お金は巡ってこないということです。

Point 余裕のあるゆっくりとした口調で話すと人とお金が集まる

あるセレブに学んだ驚きの美肌術

セレブは、印象の良し悪しが運を左右することを、知っています。

そのために、エステやスポーツクラブに通い、外見を磨くことは怠りません。生まれながらお金に恵まれている一部の人を除けば、彼らは、知恵を絞り行動し今の地位を築いたのです。ですから、関わっているビジネスの形に違いはあっても、時間に余裕のある人など少ないのです。

外見を磨くことは大切だとは言っても、そのために始終、時間をかけ手間をかけることはできません。外見を磨くにも、時間と効果を秤にかけることを忘れないのです。

また、お金をかければ、美しさや若さが約束されるものでもありません。

いくらお金をかけたところで、間違った選択をすれば、個性を殺し魅力を失くすだけです。

時間と効果を秤にかけ、お金と自分との相性を考え選択したものが、もっともふさわしい外見を磨く方法なのです。

エステにかかろうとすると、顔と首、背中のケアで少なくても三時間。ボディーのケアも入れると、六時間はかかります。髪や爪までケアすれば一日がかりです。

忙しさから解放され、英気を養うためには、そうした時間は必要です。

プロのテクニックに身を任せるのは、至福です。

しかし、お金があるセレブといえども、仕事や人づきあいなどに時間がとられ、月に何度も、エステに通えるものではありません。

私は、ときには他の予定をキャンセルしてもエステに通う、「エステ好き」ですが、月に二度行ければいいところです。

外見を磨くためのほとんどは、自宅でのエステ、「ホームエステ」なのです。

「ホームエステ」といっても、エステの機械を購入し、自宅で行うわけではありません。

時間と効果を秤にかけ、お金と自分との相性を考え、もっぱら自己流で肌や髪、爪などの手入れをしています。私の場合、時間を効率良く使いたいので、入浴時間を利用したものが中心になります。

入浴前に、オイルでメイクを落としたら、入浴し、体を温めてから海綿《かいめん》を使い丁寧に泡立てた石鹼で、顔を洗います。

こうすると、毛穴に詰まった汚れが落ちやすくなるのです。

顔の水気は柔らかめのタオルで軽くとり、次にマッサージに移ります。

エクストラバージンオリーブオイルを顔全体に伸ばし、顔の内側から外側へ向かって指の腹を使って優しくマッサージします。この時、年齢が出やすい首の手入れも行います。

首は下から上に両手を使って引き上げるようにします。この間五分ほどでしょう。

そして、温めたタオルで拭《ふ》き取るのですが、肌の弾力が違ってくるのがすぐに分かります。

乾燥しがちな冬場には、再度、顔にオイルをつけて入浴することもあります。

オイルパックの要領ですね。

また、海綿を使って体を洗い、入浴で十分体を温めたあとに、オイルで全身をマッサージすることもします。

実はここまでは、あるセレブの方に教えていただいた方法を、自分なりにアレンジしたものです。

六十歳を超えた彼女は、いまだに潤いのある肌をしていて、しみ一つありません。

どんな方法でその美肌を保っているのか、お聞きしたところ……。

「海綿」と、「エクストラのバージンオリーブオイル」が、美肌の決め手だと言うのです。

タオルやスポンジでゴシゴシ洗うことは、肌を傷めることになるので、絶対に避けている。髪も力任せに洗わず、指の腹を使うことも教えていただきました。

それまで私は、高い洗顔料を使い、ボディブラシで汚れを落とす。

髪も洗髪用のブラシを使って、洗っていました。

それまでとは、逆のやり方に抵抗はあったのですが、やってみると一度で効果が実感できたのです。

以後、今も続けています。

お風呂あがりにはカモミールを使った手作りの化粧水で、顔だけでなく全身をパッティングし潤いを補います。

荒れやすいかかとやひじには、エクストラバージンオリーブオイルを塗りこみ、体を冷やさないように、すぐにガウンを着るのです。

これは、私が行っている「ホームエステ」の一部です。

また、自宅でもヘッドマッサージはしますし、髪の洗い方にも工夫をしています。

時間がありお金があっても、美しさや若さを保つには、エステのケアだけでは足りません。短期的に大金をつぎ込み、美しさを得ても自分でケアしなければ、すぐに綻《ほころ》びます。

美しさや若さとの戦いは、短期戦ではなく、長期戦。

永遠に続くものだから、エステと「ホームエステ」を使いこなす知恵が必要なのです。

Point

自宅のお風呂でもエステができる

全身マッサージのステップ

●手と腕

①

手のひらにオイルをとり、手と腕全体にのばします。

②

腕全体を手首から、ひじ、肩へ向かってらせんを描きながらマッサージします。（たるみやすい二の腕や、かさつきやすいひじは念入りに）

③

手のひらで手の甲全体をマッサージします。

④

親指で指のつけ根から爪に向かってらせんを描きながらマッサージします。

⑤

手のひら全体を親指でもみほぐします。

⑥

最後に②と同じようにマッサージします。

●お腹

①

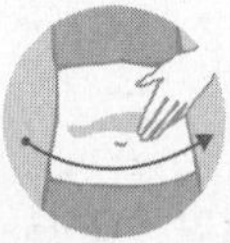

オイルを手のひらにとり、お腹全体に右まわりにぬります。
→次に左まわり

②

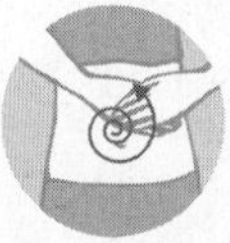

両手を重ねておへそのまわりを右まわりにマッサージします。

③

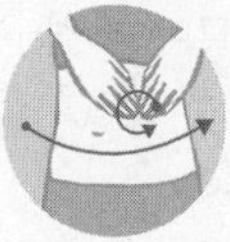

両手の指をそろえ小さな円を描きながら、お腹の外側を右まわりに移動します。

④

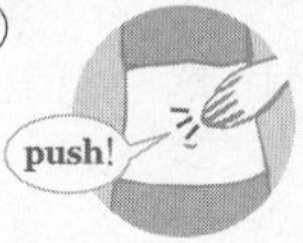

便秘しやすい人は軽めにプッシュします。

●足

①

手のひらにオイルをとり片足ずつ足全体にぬります。

②

足の指を一本ずつ指のつけ根から指先に向かってらせんを描くように親指でマッサージします。

③

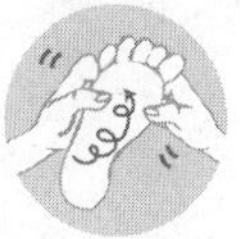

足の裏全体を親指でらせん状にマッサージします。

④

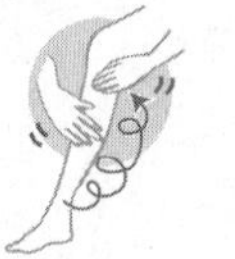

太ももやふくらはぎは、つけ根に向かってらせん状にマッサージします。最後に①をくり返します。

セレブは手のケアを怠らない

握手した時の手のあたたかさや柔らかさは、人を安心させます。

その人を、いい人だと思うのです。

ですから、握手をする機会の多い貿易会社を営む友人は、寒い時期には、ポケットカイロで手を温めてから、握手をすると言います。

ポケットの中に、カイロを忍ばせておくのです。

また、一流のエステシャンはお客様の肌に触れるまえには、手の温度を適温に調節するといいます。手が冷たければ、お客様は驚いてしまいリラックスできません。

手の温度や柔らかさは、私たちが考えている以上に相手に影響を及ぼすのです。

爪も同様です。


仕事をしていて、お茶を飲んでいて……。

日常の動作の端ばしで、手は見られています。

爪も注目されているのです。

そして、綺麗にケアされた爪であれば、「この人はきちんとしている人」と受け取られ、手入れを怠っていれば「だらしない人」と受け取られます。

これは男性であっても、変わりありません。

日本では握手をする機会が少ないからでしょうが、手や爪のケアが浸透していないのですが、海外のセレブは、顔以上に手や爪に気を使っています。

顔の汚れやトラブルはお化粧で隠せても、手や爪は隠せないもの。

だからこそ、日頃のケアに手を抜かないのです。

ネイルサロンは、いまや至る所にあります。

高級なサロンもあれば、仕事帰りに気楽に立ち寄れるサロンまで、目的に応じてさまざまなサロンがあります。

自宅で行うネイルケア商品やグッズの類も、コンビニエンスストアでも手軽に購入できるようになりました。

しかし、それらを利用するのはまだ限られた人です。

私は、どんな人でも一度はネイルサロンを体験して欲しいと思います。

最近では、男性向けのメニューが充実したネイルサロンもありますから、尻ごみをせずに体験してほしいと思います。

プロにケアしてもらった後の、手や爪の美しさや輝きには、「これが自分の手、爪なの？」と驚くこと間違いなしです。

「肌の色が白くなった」と感じるでしょうし、「爪のケアをすると手が細く見える」と感じる方もいるでしょう。

男性の方では、汚れていた手や爪で人前に出ていたことを、恥じる方もいると思います。

ネイルサロンで、自分に合った爪の形にカットしてもらえば、自宅でのケアも簡単です。その際、似合うネイルの色もアドバイスしてもらいましょう。

年齢は手に出ます。

手入れをしていても、手の色がくすんでくるのです。

そうした人には、ベージュや白など肌になじんでしまう色は、タブー。

ローズ系やレッド系などの、はっきりとした色が手を綺麗に見せてお勧めです。

また、口紅とのバランスを考えましょう。

ネイルがピンクで口紅がオレンジでは、ちぐはぐ。

人間性まで疑われてしまいます。


私はネイルサロンには、月に一度は行きますが、自宅でケアもします。

ここで、紹介しましょう。

夜寝る前に、オイルで手、指、爪をマッサージし、温かいタオルで蒸します。

タオルが冷えてきたら、拭き取ります。そのあと、またオイルをつけて、終わりです。

乾燥が激しい時には、オイルを塗ったあとに、手袋をつけて眠ることもあります。

習慣にしていると、柔らかく張りのある手、しなやかな指、健康的な爪の持ち主に誰でもなれます。

ネイルの塗り替えは、三日に一度。その際は、念入りにネイルを落とします。

ネイルカラーが、爪の甘皮の隙間《すきま》に残っていると、新しいネイルがきれいに塗れないだけでなく、だらしない印象になります。

全体の色を落としたあとに、専用の棒に小さなコットンを巻きつけ、リムーバーを浸し、落としきれなかったネイルを少しずつ落としていきます。

私は、爪切りは絶対に使いません。

サロンでケアした後、少しでものびたら、ヤスリで削っていくのです。

ネイルには、面白いエピソードがあります。

シンガポールから日本に遊びにきたセレブ（私の友人）が、日本製のネイルカラーを買いまくっていました。

それも一流ブランドのものではありません。

ミニチュアサイズや、ビンのデザインがキャラクターになっているもの、かわいいものが中心でした。

理由を尋ねると、「日本製のネイルカラーは爪に優しいし、色もきれい」「ビンのデザインがかわいいから、コレクションになる」とのことでした。

「大きなネイルカラーを買っても、すぐに固まってしまうし、飽きて最後まで使わないから、この方がお得なのよ」とも、言っていました。

考えてみれば、私も一流ブランドのものだからとか、外国土産だからといって、買ったものの使わないままのネイルカラーが、ドレッサーの中に、ごろごろ転がっています。

彼女の言動に考えさせられました。

そして、お気に入りの色以外は、大きなビンのネイルカラーは買わなくなったのです。

しぐさや立ち振る舞いに気を使っても、手や爪が汚れていては興ざめです。

洋服はばっちり決めているのに、ぼろぼろの靴をはいているようなものです。

手や爪は、手入れをすればすぐに結果が見える場所。

そうしたところこそ、手を抜かないのが、セレブなのです。

Point　手や爪のような細かいところまで気を抜かないのがセレブ

セレブは歯が命です

だいぶ前になりますが、「芸能人は歯が命」というコマーシャルがありました。

あなたも覚えているのではないでしょうか？

芸能人は、人から注目される仕事です。

最新のテレビカメラがアップで寄れば、肌の凹凸や、シミやしわまで見えてしまいます。歯の色が黄ばんでいたり、形が悪かったりも、しっかり映し出されてしまいます。

歯にトラブルがあっては、満面の笑みもできません。

友人の歯科医のもとには、歯の治療や矯正、クリーニングに訪れるタレントさんがいます。歯の治療を行い、八重歯を抜き、かみ合わせを矯正すると、人相が変わるそうです。うつむき加減の人も、自信に満ちた表情に変わります。

また、歯のクリーニングをすると、それまであかぬけなかったタレントさんが、こぼれる笑顔になって、見違えるほど綺麗になるといいます。

この話を聞いて、私は「歯の手入れ」を改めて考えました。

虫歯があれば、きちんとした食事がとれませんし、口臭の原因にもなります。
かみ合わせが悪ければ、頭痛や肩こりの原因になります。
歯の色が黄ばんでいれば、好きな人の前で、笑顔も見せられません。
歯をケアすることは、健康でいるため、笑顔でいるために、絶対に求められるのです。

実際、セレブは、歯のためにお金をかけている人が多いのです。
歯が弱れば、たちどころに体に支障がでます。
歯のケアや治療に、大金をつぎ込むのも、その後のことを考えれば、当然のことです。
歯が痛いけれど、歯医者に行くのは面倒だとか、磨ければ安い歯ブラシで十分だ。
何となく、歯を磨く。磨くことを忘れる……。
少なくとも、そういったことは、セレブに関してはありえません。
「セレブは歯が命」なのです。

虫歯ができないように、歯の奥や細かい部分まで磨ける電動歯ブラシや、ブラシの先に工夫を凝らした高級歯ブラシを使い、歯を白くする成分や歯肉を引き締める成分が配合された歯磨きを使っています。

舌ブラシを使って舌苔をとり、口臭を予防することも忘れません。

以前、ハワイであるセレブと食事をしたときのことですが、いっしょにいた何人もが食事が終わるやいなや、歯磨きをしていたことがありました。

少しでも食べ物や飲み物を口にしたら、歯を磨くというセレブもいます。

定期的に歯医者に通い、歯垢《しこう》をとりクリーニングをする。

セレブは、歯のチェックを怠りません。

それでも、虫歯になってしまったら、他の予定はキャンセルしても、すぐに歯医者に行くのです。

亡くなった主人も、歯にお金をかけた人でした。

ケアを熱心にしていましたが、年齢を重ね、入れ歯を入れることを余儀なくされた時には、入れ歯では食べ物の味が分からない。かみ合わせもうまくいかないといって、当時はまだ一般に普及していなかった「インプラント」を選択したのです。

インプラントは、入れ歯と違って歯肉にボルトを入れそこに人工の歯を埋めこむので、はずれることがなく、歯の色も自分の歯に近い自然な色が作れます。

おせんべいのような堅いものでも、イカのような滑るものでも難なく食べることができるのです。

「インプラントならば、かむ力がつき、頭の回転も良くなってボケ防止にもなる」

二十八歳年上だった主人は、少しでも若くなりたい、長生きしたいと、一本の入れ歯がきっかけになって、弱っていた歯も全部抜いて、歯のほとんどをインプラントにしました。

総額にして、五百万円は下らなかったと思います。

主人の例は極端かもしれませんが、セレブが歯にかける思いには、並々ならぬものがあるようです。

Point　きれいな歯は、笑顔と運を呼び込む

第6章

体の中に入るものにお金をかけるとお金が貯まる

最高の節約術は健康の維持

本書をお読みになっている方は、さまざまな節約術をご存じのことだと思います。

今までも実行され、これからも実行したいと考えている節約術も多いでしょう。

節約術というと、食費を月三万円に抑える、ガソリン代を節約する裏ワザ、通信費を節約するには、どこと契約したらいいかなど。

かけているお金をいかに安く抑えるか、ということが中心です。

また、掃除をしながら洗濯機をかけながら、子供の宿題を見るといった「ながら行動術」を節約の一つと考えている方もいるでしょう。

何れにしても、今かかっている負担を少しでも減らすのが節約だと、考える方がほとんどだと思います。

この考え方は、間違いではありませんが、一〇〇%正解ではありません。

絶対に減らしてはいけないものがあるからです。

減らしてはいけないものとは、「健康を維持するための気づかい」です。

むやみに食費を減らした結果、栄養不足にかかり抵抗力の落ちているところに、暖房費を節約したいがために、寒い部屋にいれば間違いなくかぜをひきます。

お腹が満たされればいいと、食事のバランスを考えないで炭水化物や脂肪重視の節約献立を実行すれば、たちまち肥満になって体のあちこちに弊害《へいがい》がでてきます。

節約をしたために、医者に支払うお金や薬代がかかるなんてばかばかしい話ではありませんか？

病院では嫌になるほど待たされるし、大切な時間がどんどんなくなります。

肥満になれば健康を害するだけでなく、それまで着ていた洋服も合わなくなり新たな出費が生まれます。体調が悪ければ、行動も制限されます。

健康を害すれば、自分らしい生活は根本から揺らいでしまうのです。

私は、最高の節約術は「健康の維持」だと考えています。

正しい節約生活は、健康を気づかうところから生まれると思っているのです。

食費を減らして栄養のバランスを崩し、体を弱らせるぐらいならば、多少食費はかさんでも、体に抵抗力をつける食材を選び献立に取り入れる。

さまざまな節約に血道をあげるくらいならば、体重の管理や体脂肪、血圧に気をつける……。

健康を維持するために、必死に知恵を絞ったほうがいいのです。

私がお付き合いしているセレブたちの間で、最近流行っているのが「万歩計」です。「万歩計」とはいっても、おじさまたちが、ズボンのベルト通しにぶら下げていたものとは違う、おしゃれなデザインで、一面にスワロフスキーを貼り付けたものや、漆塗りのもの、一流ブランドのものなどがあります。

いつも万歩計を身につけ、その日の歩数と運動量をチェックします。

車や飛行機で移動している時以外は、ウオーキングシューズを履き、階段を上り下りしたり、オフィスの自分の部屋で「その場ウオーキング」をする人もいます。

セレブは、運動不足を解消するために、一番簡単に取り入れられるウオーキングに精を出す人が多いのです。

また、多くのセレブが気にするのが体重管理。

体重は最も手軽にわかる健康のバロメーターですから、毎日、必ず体重を計りグラフに書きこむのです。

グラフが少しでも上向きになると、ブレーキをかけてアルコールを控え、揚げ物や甘い物を減らします。体重が増えて体型が変わってしまっては、長く着るはずの洋服が着られないし、印象も変わってしまう。思わぬ痛手を強いられるからです。

何年かぶりに会っても、印象が変わらずいつも若々しい方がいます。

私の母と変わらない年齢なのに、背筋が伸び、贅肉がない体型。レストランを営んでいる女性なのですが、体型は三十代のころと変わりがないというのです。

「どんな病気も早いうちに治療すればよくなるでしょう。体型だって同じよ。早めに手当すれば、いい状態をキープできるの」

彼女は日頃から健康管理には注意していますが、少しでも体重が増えたり、体型が変わったと感じたら、すぐに運動や食事を再チェックするそうです。

体調にしても同じ。ちょっとでもおかしいと思ったときは迷わずホームドクターと決めている近所のお医者様に行くといいます。

節約生活を支えるためには、健康の維持は、何にも増して重視しなければいけない。

セレブの健康維持に、学ぶことは多いのです。

Point

おしゃれな万歩計で健康をキープする

空気や水にもお金をかける

あなたは、空気や水を大切にしていますか？

「う～ん」「大切ね？」と、唸《うな》ってしまった方もいるでしょう。

空気も水も私たちは、難なく手に入れることができます。

東京は空気が汚いとはいっても、木々があり花が咲き、鳥や虫たちが生息しています。

川や海には魚がおり、以前よりも綺麗になってきました。

水道をひねれば、安全な飲み水をいつでも飲むことができます。空気も水も私たちの周りに自然にあるから、そのものの大切さに気づかないのかもしれません。

でも、息をするとせき込むほど空気が汚れていたら。

水道が使えなくなったら……。

私たちの生活は成り立ちません。

普段何気なく、吸っている空気や飲んでいる水に、私たちは生かされているのです。

そう考えると、空気や水にもっと敬意を払ってもいいのではないかと思います。

海外に出かけると特に感じることですが、空気や水に対しては、こだわりを持っている方が多いように思います。空気や水は貴重なものだから、大切に扱おう。健康の維持に綺麗な空気といい水は欠かせないから、お金をかける。料理に応じて、硬水と軟水を使い分けたり、ごく普通のお宅にも業務用の空気清浄機が備わっていたり、大型のミネラル水が常備されている。

綺麗な空気や水に慣れっこになっている私たちとは違う、こだわりがあるのではないでしょうか？

七年前、ベルギーに六日間、旅行をした時のことです。

宿泊先に選んだのは、その地でも有名な一流ホテル。部屋には重厚な家具が備えられ、ベッドも寝具も高級なもの。アメニティーも申し分のないものでした。

ホテルのスタッフはフレンドリーで一流ホテルであっても、自宅にいるような気軽さを感じたものです。

三日ほど滞在したとき、ある事に気がつきました。

髪の毛が心なしか茶色になっているのです。髪も乾燥しています。

私はたっぷり水を湿らせたタオルを、ハンガーにかけ部屋の隅につるしました。乾燥を防ぐためです。

翌朝、目覚めて驚きました。タオルが茶色に変色していたのです。

「もしかしたら、水が原因？」

「私の髪の毛も？」

推測にしかすぎませんが、水道の水が関わっていたのではないでしょうか？　海外に行くと、ミネラルウオーターを飲むことがほとんどです。しかし、お風呂やシャワーに使う水までミネラルウオーターというわけにはいきません。私はこの時ほど、水の存在を考えたことはありません。

また、台北に滞在したときには、車の渋滞がひどく、街を歩いていて排気ガスが目にしみて困りました。

こうした背景からか、海外のセレブたちは空気や水にこだわりをもった人が多いのです。ほとんどの家庭に、ミネラルウオーターのタンクが備えられていますし、空気清浄機は最新型の大きなものが置かれています。

そして、環境を壊さないような車に乗り、水資源を大切にするプロジェクトに参加する、環境問題に関心を示すセレブが多いのです。

自分を取り巻く環境に注意を払うのは、健康を維持するためだけでなく地球の将来を考えてのことでもあります。

私たちも、もっと空気や水に関心を払ったほうがいいのではないでしょうか？

自分だけでなく家族の健康のため、あるいは美容のために、良質の空気や水を手に入れるためにお金をかける。

体の中に入るものにお金をかけることは、健康を維持し、安心した生活をおくれ、結局いちばんの節約になるのです。

Point 環境を意識することが自分の健康につながる

調味料には贅《ぜい》を尽くす

友人のUさんは、ブティックの経営をやめ、今では富士山のふもとに移住して、野菜作りをしています。

東京にいたときには、野菜どころか料理に関心のない彼女でした。

ほとんど外食で、話題の店や流行りの店は誰よりも早く情報を入手し、通う。

彼女に聞けば、フランス料理だろうと和食だろうと、デザートだろうと、美味しい店を教えてくれる「外食通」でした。

その彼女が富士山のふもとに移住すると聞いて、驚いたのは私だけではありません。

彼女は独身のうえに、都会の暮らししか知りません。

一人寂しい場所で暮らしていけるのか？

食事はどうするのか？

友人が集まると、心配をしていたのです。

ところが、私たちの心配は空振りに終わりました。

東京にいたときには、まったく料理をしなかったUさんなのに、今やほとんど外食はしないと言います。

家に友人を招いたことなどない彼女だったのに、ここでは「いつでも遊びに来てね」と言ってくれます。

この差は何なのか……。

「東京では、何を作ろうかと考えるのも面倒だったの。家でおもてなしをすることを考えれば、疲れてしまう。でもここでなら、レタスやトマトを畑からとって、塩を振りかけるだけでも、本当に美味しいの。みんなも喜んで食べてくれる」

彼女はそう言いました。

彼女が育てている野菜もそうですが、近くの直売所に行くと、元気のいい野菜に驚きます。レタスはしゃっきりしていますし、きゅうりはイボがとがっています。

トマトは真っ赤で、太陽の匂いがして、ナスの色はこんなに綺麗な紫だったのかと感心してしまいます。

こうした元気のいい力のある素材ならば、やたらと手を加えるよりも、切っただけ、焼いただけといったシンプルな料理のほうがおいしく感じられるのです。

そのかわり、調味料にはこだわりを持つ。

野菜に限らず、素材の持ち味を十分に活かすには、調味料にお金をかけるのが賢い選択なのです。

塩にこだわっている彼女が使っているのは、ヒマラヤの岩塩。まろやかで、旨《うま》みのある本物の塩です。さらに、サラダに使うバルサミコ酢は六年もの。味噌は、地元のお母さんの手作り味噌……。

「料理が下手だから、調味料に助けてもらっているのよ」

彼女は言いますが、目利きの確かさに感心してしまいます。

食費を節約しようと考えるとき、何でもかんでも安ければいいと考えるのは困ったものです。特に調味料は、しょうゆ一さじ、塩一つまみで味が決まってしまいます。

安い調味料がすべて悪いとは言いません。

しかし、毎日使う調味料には少々贅沢をしたほうが、手をかけずに失敗することなく、おいしい料理になるのです。

一〇〇円ショップで売られている塩も塩には違いませんが、岩塩や日本の海でとれた天然塩、海藻成分の入った藻塩などのほうが、料理の味を引き立ててくれると思います。

調味料は、毎日たくさんの量を使うわけではありません。

贅沢をしたところでたかが知れています。

安い食材に手間をかけ、美味しい料理にするのも方法ですが、安い食材でも贅沢な調味料を使えば、簡単でとびきり美味しい料理になることも知ってほしいと思います。

ちなみに、私は、調味料は最高級のものしか使いませんが、それでも一年にかかる出費は、三万円にもなりません。

その分、時間と手間を省けるのですから安い買い物だと思います。

Point **素材がよいものは、それだけでいろいろな手間を省ける**

―私が選んだこだわりの調味料―

●濃口醤油　「寺岡家の有機醤油」（寺岡有機醸造株式会社）　３００㎖　六三〇円
長期熟成の濃い口しょうゆは風味が違います。我が家にはなくてはならない存在。

●淡口醤油　「寺岡家の有機醤油」　３００㎖　六三〇円
色を出したくない煮物や茶わん蒸しに重宝しています。

●みりん　「三州三河みりん」（株式会社角谷文治郎商店）　７００㎖　九八〇円
まろやかさ、香り旨みとも秀逸《しゅういつ》のみりんです。照り焼き、煮ものには欠かせません。

●塩　「自然海塩　海の精」（海の精株式会社）　２４０ｇ　六〇〇円
素材の旨みを引きだす塩。しっとりした味わいです。

●塩　「雪塩」（株式会社パラダイスプラン）　２５０ｇ　一二六〇円
宮古島の自然が作った塩。つけ塩や振り塩として使っています。サラサラした感触。

●酢　「千鳥酢」（村山醸酢株式会社）　９００㎖　六四〇円
酸味がまろやかで旨みがたっぷり。酢の物が苦手な人でも、千鳥酢を使えば美味しくいただけます。

●ゴマ油「京都山田のへんこ手絞り黒ごま油」（胡麻の山田製油）　２９０ｇ　一五七五円
炒めものや揚げ物だけでなく、料理の最後に風味づけにも使います。油臭さがなく胃にもたれないのも気に入っています。

●オリーブオイル
「エキストラヴァージンオリーブオイル」（井上誠耕園）　１８０ｇ　一二六〇円
フルーティーな香りとまろやかな味わいが特徴。炒め物やサラダに重宝します。

●砂糖「南国粗糖」（創健社）　５００ｇ　三一五円
喜界島産のサトウキビを１００％使用しています。ミネラルたっぷりで風味も豊か。
煮物やお菓子作りなど、あらゆるお料理に使います。

●味噌「蔵一」（米五のみそ）　５００ｇ　六八二円
北海道大豆を使用し、昔ながらの製法で作った味噌。大量生産のものとの味の違いは歴然です。

（データは二〇〇九年三月現在です）

大きな冷凍庫と小さな冷蔵庫を持つ

あなたのお宅には、いくつ冷蔵庫がありますか？

テレビは二台あるお宅も多いと思いますが、冷蔵庫を複数持つお宅は少ないと思います。そして、最近は大型の冷蔵庫を持つお宅がほとんどではないでしょうか？

まとめ買いした食材をストックするには大きな冷蔵庫が必要。

「大は小を兼ねる」は、冷蔵庫の絶対法則だと、私も思っていました。

ですから長い間、外国製の大きな冷蔵庫を使っていたのです。

週末のまとめ買いが主でしたから、理にかなってはいたのですが、大きな冷蔵庫を持っていると、あれもこれもと買いこんでしまい必要のないものまでストックしていました。

仕事の合間に目についたフルーツや、焼きたてのパン……。冷蔵庫の中に同じようなものがあっても、目に映る美味しそうなものは購入してしまう。

「明日食べればいい。今日はこれにしよう」ということになる。

仕事先でいただくお土産や、取り寄せの品。お客様からの到来物など、こうして冷蔵庫には、食べきれなかったり、使い忘れてしまったり、しまいこんで腐らせてしまう食材が溢《あふ》れていました。

冷蔵庫が大きいことを理由に、

「まだ入るわ、ストックしておこう」

「お得だから買っておこう」と、無駄なお金を使っていたのです。

三年前、引っ越しをしたとき、私は思い切って小さな冷蔵庫に替えてみました。

今の住まいからは、歩いて五分もすれば夜遅くまで営業している大型のスーパーマーケットがあり、電話をすれば一時間もしないで食材を配達してくれる店もあります。

それらの店を冷蔵庫と考えれば、必要な時必要な量だけ手に入れられるのだから、大きな冷蔵庫を自宅に置く必要はないのです。

そうして冷蔵庫の中は、お取り寄せをしている那須の牛乳、水戸のこだわり納豆、大好きなあご落としの辛子明太子、卵。ふたを開けた調味料やバター、ジュース、我が家の定番野菜ともいえるキャベツ、トマトが入っている程度です。

冷凍食品はストックしていないのかと、疑問を持った方もいるでしょう。

もちろん、冷蔵庫には冷凍庫もついてはいますが、氷や朝食べるパンケーキ、お取り寄せの食パンをストックすれば、空きスペースがないほど小さいのです。

その代わりに我が家には、冷蔵庫とは別に大きな冷凍庫があります。

私は、釣りが趣味で釣った魚は調理をして冷凍するのが常ですし、我が家はいただき物が多い。

ですから、冷蔵庫と一体になっている冷凍庫では、物足りないのです。

ただし、これは私の選択であって、それぞれのライフスタイルに合った冷蔵庫や冷凍庫を選び、使いこなせばいいと思います。

一人暮らしであっても、料理をまめに作る人ならば、大きな冷蔵庫を買い調理した常備菜をストックしたり、野菜好きな人ならば、野菜室が大きな冷蔵庫を選ぶ。

家ではあまり料理をしない人ならば、飲み物程度が収まるごく小さな冷蔵庫を持つのもいいでしょう。

テーブルにのるぐらいの小さな冷蔵庫を、寝室、書斎、リビングルームに置いている友人もいます。

ちなみに、私の家の冷凍庫の中には、三枚におろした魚を味噌やしょうゆにつけこんだものや、下味をつけた肉、カレーやシチューのように手間がかかって、たくさん作ったほうが美味しいものなど、我が家で調理した食材がほとんどです。

今売られている魚や肉は生産地で一度冷凍され流通し、店頭で解凍して販売しているものが大半ですから、店で買ってきた魚や肉をそのまま冷凍すれば、おいしさは半減してしまいます。ですから、余ったからといって、魚や肉をトレイのままで冷凍するなんてことは、絶対にしません。

たくさん買って冷凍しても、味を落としたのでは「もったいない」ですから。

時間のある時に作ったパウンドケーキは、食べやすい大きさにカットし一つずつラップに包んで冷凍してあります。これを解凍し、生クリームとフルーツを添えれば立派なデザートになります。

私が冷凍するのは、一度の手間でたっぷり作れる、大量に作ったほうがおいしい、面倒だが作ったほうがはるかにおいしいもの、ひと手間かけたものに限っています。

大きな冷蔵庫にむやみやたらにストックしていたころに比べ、小さな冷蔵庫と大きな冷凍庫を使いこなすようになってから、食材を無駄にすることがなくなりましたし、食事のバランスが良くなりました。

何よりも贅沢な食卓なのに、食費が目に見えて減ったのです。

Point　ライフスタイルに合った冷蔵庫かどうか冷静にチェックする

食器は高いものを長く使う

我が家には、思い出深い食器があります。

三十三歳で結婚した時に、主人と私で選んだ食器です。

私は、装飾の施されたお皿やカップが好きで、そういったものを買おうとしたのですが、主人は「それでは料理が映えない」「料理を引き立てる食器を買いなさい」と言いました。

金銀の装飾があるものは、お客様にはいいかもしれないが、日常使いにはふさわしくない。洗うのも神経を使う。第一、料理が主なのか食器が主なのかが分からない……。

それが主人の言い分でした。

主人の意見に押され仕方なく、白磁の食器を揃《そろ》えたのですが、彼の選択は間違っていませんでした。

十七年たつ今でも、頻繁に使うのはこれら白磁の食器なのです。

金銀の装飾のあるものや、ブランド食器に比べては地味ですが、和食でも洋食でもぴったり決まるのです。

私は食器が好きで、和食器も洋食器もたくさん集めてきました。

値段にかかわらず、好きなものはすぐに購入し、我が家には使わない食器が溢れていたのです。でも、使うものといったらごくわずか。

主人と選んだ白磁の食器や、迷ったあげくに購入した大鉢、青磁の小鉢ぐらいです。

これらに共通するのは、気軽に買える値段ではないこと。丈夫なこと。どんな料理にもマッチすることです。

大鉢は、出張先で見つけたのですが、十二万円の値段に迷いました。

一度は戻り、次の日も店に見に行きました。

「高いな……でも欲しい、どうしよう？」ため息……。

そして、東京に戻る日にもう一度、見に行ったのです。

すると、お店の方が「お気に召しましたか？　でしたら、お値引きしましょう」と言ってくれたのです。そして、十万円で購入しました。

主人と選んだ白磁の食器も大鉢も、今や我が家の家族のようです。

普段使いの食器として、働いています。

高い食器はしまい込んで使わないという人もいますが、選び抜いた高い食器こそどんどん働かせて、元をとるべきではないでしょうか？

食器は収納場所をとりますし、欠けたり割れたりした片割れも捨てにくいものです。注意しないと、たまってしまいます。

あれもこれも買ってしまわないように、色を統一する。

割れた時を考えて、シリーズで売られていても一つずつ購入できるものにする。

個性的なデザインや、装飾のあるものは避ける。

「おしゃれ」だとか、「かっこいい」と感じる回数よりも、邪魔だなと感じる回数が多いような食器は持たない、処分するなどしたほうが、いたずらにものを増やすことにならず、暮らしは豊かになると思います。

あなたの家は、無駄な食器で占領されていませんか？

片づけに時間を取られ、ストレスがたまるようでは、快適な生活はできません。

食器は、吟味して選んだ高いものを長く使う。

そう決めて、第一に実行したのは、食器棚を占領していた使わない食器やグラスの処分です。思い切って処分した結果、これからも大切に使っていきたいものだけが、手もとに残りました。

めったに使わないものにお金と時間を費やすのではなく、愛着の持てるものを使う。

それが贅肉のない贅沢生活、セレブの節約術の基本です。

Point

食器は色を統一して、割れたときに備える

素材を無駄なく食べるのが、本物の美食家

スーパーに行くと、大根の葉やキャベツの外葉が捨てられている光景を目にします。

葉のついた大根をレジに持っていくと、「葉はどうしますか？（捨てますか）」と当たり前のように尋ねられます。

これって、おかしいと思いませんか？

食べ物を粗末にするのは、命を粗末にするのと同じです。

和食の料理人の方に伺ったのですが、料理の腕があがるほど、捨てる食材は少なくなると言います。

大根にしてもお客様にお出しするのは、皮を剝《む》き面取りをした部分ですが、皮や面取りした残りの部分は、きんぴらにしたり、汁物にし、賄いで食べると言います。

このとき、食材を無駄なく使う知恵や食材の特徴を学ぶそうです。

私も大根の皮は、干して漬物にしたり、細く刻んだニンジンの皮や玉ねぎと一緒に煮込んで野菜スープにします。コショウや塩で味をつけてもいいし、しょうゆ味にして片栗粉

でとろみをつけ、温めた豆腐の上にかければ、寒い時期には嬉しい一品ができます。

キャベツの外葉はそのままでは堅いですが、細かく刻んでスープで煮込み、牛乳を加え、ミキサーにかければ、栄養たっぷりのポタージュになります。

食べ物に感謝する気持ちがあれば、間違っても、粗末にしたり無駄にしたりはできないはずなのです。

オランダに旅行したときのことです。

現地でホテルを経営している友人の招きで、アムステルダムのあるお宅に遊びに行きました。オランダの料理は、豆の煮込みやジャガイモを使ったものなど、素朴なものが多いのですが、その時ごちそうしていただいた、ジャガイモのチップスが今まで食べたことがない触感で、どうやって作ったのか伺いました。

すごく薄くて、サクサクしていて……。何だろう？

「じゃがいもの皮よ！」

「皮？」

伺ったお宅は、何代も続くお金持ちということです。

「セレブでもジャガイモの皮を食べるんだ！」

それまで、ジャガイモの皮を捨てていた私は、すごく感動した覚えがあります。

私は食べ物を粗末にしない精神を、調理中も大切にしています。

鶏のスープをとったときに出る油は、丁寧にとりビンに保存し、ソテーのときに使います。ベーコンの油も同じです。

だしをとったあとの鰹節《かつおぶし》や昆布はストックしておいて、自家製のふりかけを作ります。

お米のとぎ汁は大根をゆでるときに欠かせないですし、リンゴの皮は紅茶を入れる時に加えると、アップルティーのような香りが出て美味しくなります。

煮魚を作ったあとの煮汁でオカラを炊いたり、飲み残しのビールを漬物に利用したり、フルーツ缶のシロップを肉料理に使うなど。

工夫次第で美味しさがアップする、無駄なく食べ物をいただく方法を実行しています。

こうしたことは、ケチではありません。

無駄を省く心、食べ物の命を大切にする心。

工夫を凝らす姿勢です。

私も若い時には、食べきれない食材をためらいもなく捨てていました。野菜や果物の皮を食べるなんて、「貧乏くさくて嫌だ」と思っていました。

しかし、食べ物を安易に捨てる前に「これは何かに活かせないかな?」と、考えることは、お金持ちになる人の生き方と共通することがあるのではないでしょうか。

捨ててしまうものが、知恵によって生まれ変わる。

そのおいしさは、ひとしおです。

Point 食べものをムダにしない精神はセレブの生き方に通じる

料理にひと手間かける習慣

マーボー豆腐の素、ホイコーローの素、焼肉のたれ、照り焼きのたれ、ポテトサラダ用マヨネーズ、和風ドレッシング……、スーパーに行くといろいろな料理の素やたれが売られています。

確かに便利ですが、いつもこれらに頼っていたら本物の味が分からなくなるのではないかと思います。私は、時間がない時には使うこともありますが、基本的には「〇〇の素」は使いません。

特にドレッシングは、手作りが一番だと思っています。

何種類も市販のドレッシングを買い揃えても、最後まで使い切れずに賞味期限が過ぎてしまうことが多いのです。

今まで、どれだけ無駄にしたことでしょうか……。

手作りのドレッシングの材料は、サラダ油、お酢、塩、コショウが基本です。

それにハーブやスパイス、マスタード、わさびやカレー粉、時には、ヨーグルトや蜂蜜、味噌など。

その時々の気分で加え、アレンジをします。

お酢も、リンゴ酢やバルサミコ酢、カボスなどを使うこともあります。

レモンの搾り汁や、みかんの搾り汁を加えるのも、香りが良くなってお勧めです。

玉ねぎや、パセリ、青じそのみじん切りを加えたり、にんにくやリンゴのすりおろしを入れるなど。

それこそ、アレンジは無限にできます。

香辛料を入れすぎて野菜の味を消してしまったり、冒険心から水あめを加えて、固いドレッシングを作ってしまったり。ときどき失敗することもありますが、そうしたひと手間が家庭の味を作ると思っています。

友人のMさんは、シングルマザーとして子供を育てながら、子供服の会社を立ち上げ、成功をおさめました。目の回る忙しさですが、どんな時でも、料理にひと手間加えることは忘れないといいます。

デパ地下で売られているお惣菜を利用するときも、デリバリーを利用するときも、自分ならではの工夫を加えています。

ポテトサラダにはパセリのみじん切りをトッピングし、トンカツにはお手製の簡単ソース（ケチャップとウスターソースを混ぜ、玉ねぎのみじん切りを加え煮つめたもの）を添えます。

おでんには、青のりや削り節粉を添えて「静岡風おでん」にしたり、甘味噌を添えて「味噌おでん風」に、することもあるそうです。

握り寿司には、必ずお手製のお吸い物を添えるのも、Mさんのこだわりです。

オフィスで残業するときには、私もデリバリーを利用することがあります。

そんなときデリバリーのピザを注文することが多いのですが、そのまま食べることは決してしません。

ピザは、エクストラのバージンオイルをひと振りし、お気に入りの大皿に移しかえます。

フライドポテトには、マヨネーズにケチャップを混ぜたソースを添え、手でちぎったレタスやざっくり切っただけのトマトやキュウリを混ぜたグリーンサラダを、サラダボールいっぱいに用意をする。

大きな手間はかけられないけれど、ひと手間をかけるのです。

こうしたことが、本物の味を知るきっかけになります。

何よりも家庭の味のありがたさ、おいしさを実感することになるのです。

Point

できあいの食品でも、ひと手間で豊かな食卓にできる

料理の段取りのコツをつかめばお金の出口が減る

「料理が好き」という男性は、多いものです。

私は著書『あなたの年収を3倍にする料理のパワー』（総合法令出版）を著すときに、年収二千万円以上の男性、百名以上にアンケートを行ったのですが、仕事ができる男性には料理好きな方が多かったのです。

私は男性のやることだから、料理好きとはいっても、使い終わった鍋やフライパン、調理器具などを片付けず、そのままにして、料理を作り終わったら、至る所が汚れているのではないかと思っていました。

しかし……。

あるセレブのお宅で行われた鍋パーティーに参加して、驚いたのです。

ご主人はせっせと鍋奉行を決め込むだけでなく、あいたお皿を片付け、テーブルを拭《ふ》くのです。その動きは無駄がなく、自然です。

奥様に伺ったところ、

「彼は、料理をしながらさっさと洗って片付けるのよ。油がこびりついたフライパンは、キッチンペーパーで拭き取ってから洗うし。どこで覚えたのかしら?」

料理をしながら、使い終わった調理器具を洗っていけば、汚れもすぐに落ちます。油のはねやしょうゆの汚れも、洗剤を使わなくても十分落ちるのです。

彼はそれを実践していました。

男性の料理は、高い材料を買いこみ、大量に作る。料理を作ったあとは、ひどい状態……。そう思い込んでいた私の予想は、うれしいことに裏切られたのです。

料理をしながら、使い終わった鍋やフライパンを洗い、調理器具を片付け、汚れを拭き取る。できた料理は、食べごろを外さない……。

こうした一連の流れがスムーズにできる人は、段取り上手であって、仕事もできるし、何をやっても無駄がないのです。

料理の完成図をイメージして、ゴールから考える発想ができるから、無駄に時間もかけません。

光熱費の節約にもつながるのです。それに、できる限り洗剤を使わなければ、洗剤のコストもかからないし、環境にもいい。

料理の段取りのコツをつかめば、おいしいものが食べられて、無駄なコストもかからない。

小腹がすいたからといって、お腹を満たすだけで味気ない出来合いのお弁当や、ファストフードに手を伸ばす必要もなくなるのです。

お金の出口が減って節約につながるのは、当然のことです。

Point 料理の段取りが上手い人は、何をやっても無駄がない

外食は価格ではなく自分にとっての価値で選ぶ

私は、お付き合いで食事をするときを除いて、ほとんど外食はしません。

仕事が忙しい時には、デリバリーで済ませたいと考える時もありますが、冷凍庫にストックしてあるカレーやシチューを利用すれば、十分もかからずに食卓が整います。そのほうが、豊かな気持ちになりますし、無駄をなくす第一歩だと思うのです。

「お腹を満たすために、食べたくないものを妥協して選ぶほど馬鹿げたことはない」

これは、尊敬する八十歳になる経営者の言葉です。

確かに、お腹がすいていると、思考能力がなくなって、たいして欲しくないものを選んでしまうことはよくあるものです。

食事を済ませ会計をしたときに、「もったいなかった」と思うのは、たいてい考えもせずに外食をした時です。

私が外食をするときには、妥協せずにいいレストランを一生懸命に探します。

誕生日や両親の結婚記念日などのお祝いの食事や、仕事がうまくいったときに親しい人と囲むディナーは、インターネットや雑誌のグルメ情報をチェックし、カード会社から送られてくる「グルメクーポン」も、くまなく調べます。

店が決まったら、予約をいれるのですが、テーブルの希望や、ドリンクなど伝えておきます。

出かける日には食事を十分楽しみたいですから、この段階でできることはすべて済ませておくのです。

その日を待つ気分は最高です。

おしゃれをして出かける自分を想像して、幸せな気分になるし、美味しくいただくために、その日の食事の量を調節したりもします。

ところが、成り行きで外食を決めると、せっかくの外食も間に合わせの味気ないものになってしまいます。気持ちも盛り上がらないのです。

外食をする場合には、価格は気にせずカロリーも気にしない。その日食べたい物を素直に注文します。

こんなところで「本当は、伊勢海老のコキールが食べたいけれど高いから、エビフライでいい」とか「ロースが好きだけれど、カロリーが高そうだからヒレ肉にしよう」……。

そんな迷いは、いっさい持たないようにしています。

せっかくの気分が台無しになってしまうからです。

こんな時に節約する人を「ケチ」というのではないでしょうか？

ケチな人は、家で食べる食事と、外食の違いを単純にお金で判断しているのです。

お気に入りのレストランを選び、自分にとっての最高の味を堪能《たんのう》し、サービスを満喫し、雰囲気を楽しむ……。精神的な満足感を考えれば、外食は安いものになります。

私が外食をする場合は、プロの味を堪能することをモットーにしています。

家で作れるようなもの、おふくろの味的なものはいただきません。

フレンチだったら、単純なソテーやグリルではなく、ソースを使ったもの。

和食ならば、てんぷらや寿司。中華料理ならば、ナマコのしょうゆ煮やフカヒレの姿煮などを注文します。

私にとっての外食は、お腹も心も満足させるもの。

だから、ファミレスやファストフードには決して行きません。

ファミレスのメニューが安いからといっても私にとっては、満足感がないから恐ろしく高い出費に感じるのです。

外食の高い安いは、表面的な価格で決まるものではありません。

自分にとって、納得のいく質で選ぶのが賢い選択なのです。

Point 外食を楽しむときは、妥協しない

第7章

徹底的にムダを省くとお金が貯まる

「あるといいな」は「なくてもいい」

「あれもあったらいいな、これもあったらいいな」

デパートや量販店などに行くと、おしゃれで便利そうで楽しそうなものが溢《あふ》れています。なかでも私は、可愛いものが大好きで、犬や猫のキャラクターが使われているアクセサリーを見つけると、つい欲しくなってしまいます。

愛くるしい犬の顔にダイヤモンドの装飾が施された腕時計を見つけた時には、買いたい衝動を抑えるのに大変でした。

限定品で価格は百万円。衝動買いをする価格ではないのですが、

「限定品なのよ、後で欲しくなっても手に入らないのよ」

「欲しいものは思い切って買いなさいよ！」

そう、心の声は言っているのではないかとも思いました。

しかし、よく考えてみれば私はすでに数多くの腕時計を持っています。

今持っている腕時計を、毎日取り替えてはめても、2週間はかかります。

私は、そうとうな腕時計好きですが、両腕に二つはめるなんておかしなまねは絶対にし

ません。それに、ダイヤモンドがちりばめられた腕時計は、仕事の場にはふさわしくありません。思い切って買ったところで、実際ほとんど出番がないのです。

そして、小さな腕時計とはいっても保管のためにはスペースが必要です。

腕時計に限らず「小さいからいいや」「便利そうだからいいや」と理由をつけて、欲しいものを次々に買いこんでいけば、狭い家の中は物置のようになっていきます。

お金を使って、快適にするべき家の環境を壊していくのです。

私は、何かを買う前には必ず、「いつ使うの？」「どこにしまうの？」を考えるようにしています。買うか買わないかの基準を決めているのです。

家にいても、「そうだ、あれがないわ。これも買わなくてはいけない……」と、思うことがあります。

「あれもこれもないと困る」と想像を膨《ふく》らませたり、「今どき、これがない家なんておかしいわ」と、世間体を気にしたり。

必要十分な暮らしをしているのに、満たされていないという錯覚に陥るのです。

実は、あなたが、「あるといいな」と考えるものは、なくてもいいことがほとんどです。

「今まで、それがなくても支障なく暮らしていけたのだから……」

そう考えることで、あなたは変わっていくはずです。

買わなければいけないと思っていたものが、まったく必要でないものであったり、買わなければならないものがしだいに思いつかなくなったり。

本当に必要で価値あるものが、見えてくるのです。

これが、豊かに暮らしてお金を貯める、贅肉のない贅沢生活のファーストステップだと思います。

「あるといいな」は、「なくてもいい」と、言いかえましょう。

逆転の発想を持つことで、いつの間にかお金が貯まるあなたになるに違いありません。

Point 何かを買うときは「いつ使うの」「どこにしまうの」と自問する

無駄を省く6つの習慣

セレブの節約術とは、無駄を省き、豊かに暮らす。ものや人や時間に支配されない自分らしい生活。贅肉のない贅沢な生活です。

それでは、どんな生活習慣を身につければ、実現するのでしょうか?

次の六つが、あげられます。

①買わない
買い物には、本気買いと衝動買いがあります。

本気買いとは、そのものが本当に必要だから買う。買うことによって生活が豊かに楽しくなる買い物です。衝動買いは、その時は必要だと思って買うのですが、次第に後悔が募りストレスのタネになる買い物です。

ストレス解消のために買い物に走る人がいますが、実は、買うことでさらにストレスを募らせる結果になっていることに、気づいていない人が多いのです。

この危険を避けるには、一度では買わないこと。

「この色でいいのか?」「このサイズはぴったりか?」「修理はできるのか?」と、買うことに思いが募っていると、「本当に必要なのか?」とは、考えないものです。

こういうときには、傍目《はため》には衝動買いに見えても本人は、「本当に必要だ」と思うのですから始末が悪いのです。何かを買おうと思っている人にとっては、必要なもの。無理やり理由をつけ、言い訳をしても必要なものなのです。

私も衝動的に買い物をしたくなるときがあります。

そんなときは、「今買わないと、もう買えないかもしれない」と思うのです。

あなたも経験があるのではないでしょうか?

そう思ったときは、すぐに買わないようにしましょう。

どうしても欲しいのならば、その場から離れもう一度買いに行きます。

それでも、欲しければ買う。そのものがなくなっていたら、縁がなかったのですし、もう一度目にすると、それほど魅力を感じないことが多いものです。

②ストックしない

ストックしてあるものの代表格は、腐らないものです。

洗剤や缶詰、トイレットペーパー、ラップなど、スーパーの特売にも登場するものです。ストックしていても傷む心配がないので、つい買い込んでしまい、あることを忘れまた買ってしまう。「安かったから」「切れたら困るから」と、まとめ買いをすることは、結局は無駄遣いを煽《あお》ることになってしまいがちです。収納場所にも困ります。

消耗品ならば、ストックは一つまでにする。

切れたら困る、壊れたら困ると考えるよりも、なかった時にはどう対応するかの知恵をもつ。そうしたルールを、もつべきです。

③もらわない

あなたの家にもありませんか？　いつもらったか分からないようなものが。

もらうことには、エネルギーがほとんどかかりません。

お金もかからないのですから、もらえる機会の多い人は、たちまち「もらいものの山の中」に身を置くことになります。

もらうときには、「とりあえずもらっておこう」「あとで捨ててもいいし……」と、気軽な気持ちでもらってしまうのですが、捨てることは容易にできません。

「まだ使える」「傷んでいない」「もったいない……」

こうした繰り返しで、ものがどんどん増えていくのです。

心のこもった贈り物は別として、タダでもらったものは、大切にしないものです。

「どうせタダだったのだから」という意識が働いてしまうし、欲しくてもらったものでなければ、愛着も湧きません。

私は、基本的には「もらわない」と心に決めています。

そうはいっても、贈り物をむげに断ることは人間関係を悪くしますから、親しい人には好みをそれとなく話しておきます。それでも、苦手な食べ物や、我が家には似合わない調度品、自分の趣味とはかけ離れた装飾品などいただくことがあります。

そのような場合は、いただいたものの写真を撮り、誰から、いつどんな理由でいただいたかをメモし、喜んで食べていただける方や使っていただける方に事情を話してお渡ししています。

もちろん、いただいた方と交流のない方を選んでですが……。

ちなみに、写真を撮りメモをするのは、後々そのものに話題が及んだときに困らないためです。

④代用する

お菓子を作るときに使う粉ふるいは、目の細かいザルで代用できますし、煮魚を作るときに使う落としぶたは、小さなお皿でも間に合います。

年中、お菓子や煮魚を作るなら別ですが、たまにしか作らないのならば、粉ふるいも落としぶたも買わずに済ます。

それぞれ、高価なものではありません。

しかし、同じ働きをするものを考えたり、今あるものを活かす知恵を持つことは、貧しさを補うものでなく、豊かさを創造するものです。

小さなことといい加減に考えずに、代用できないか考えてみましょう。

⑤借りる

めったに使わないものは、人に借りたり、専門の業者に借りることを習慣にしたいものです。私も、1年に一度ほどしか使わないキャンプの道具や餅つきの道具は借りることに決めています。

それほど大きな出費ではないですが、そのものを所有することで必要になるスペースが無駄だ、と考えるからです。

私は、人にものを借りることは、汚さないか壊さないかと、気を使いますし、頭を下げるのも嫌ですから、めったにしません。お礼を考えるのも面倒です。

ですから、インターネットでレンタル業者を検索したり、新聞の折り込み広告で専門の業者を探して利用しています。

最近、私の住んでいるマンションで、自転車をシェアする試みが始まりました。

こうした動きは、無駄な出費を抑えるだけでなく、人間関係を補ういい機会として歓迎すべきではないでしょうか。

⑥捨てる

捨てる行為は、本当に難しいものです。もらうことは、エレルギーがいりませんが、捨てるには、エネルギーがいります。

捨てるか捨てないかを決断するには、時間がかかりますし、手間もいります。

思い出の品物やいただき物は、捨てることにうしろめたさもあります。

痛みが伴うのです。

しかし、避けていては家中に不要な品物が溢れてしまいます。

捨てることを、習慣にすることが大切なのです。

綺麗な包装紙、空き箱、リボン、ブティックの紙袋、読み終わった新聞、雑誌などを、ストックするのならば一定量を決め、それを超えたら潔く捨てる。

賞味期限の切れた食品や使用期限を越えた化粧品、薬なども捨てる。

「もしかしたら使うかも」とか、「もしかしたら使えるかも」と、理由をつけない。

一定のルールを決めて、捨てましょう。

Point

「買わない・ストックしない・もらわない・代用する・借りる・捨てる」を習慣にする

衣類～セレブはベーシックを貫く～

服の数を誇るのが、おしゃれではありません。
自分を魅力的に見せてくれる色やデザインで、ライフスタイルにマッチしている。
何よりも着ていて心地いい服が、ベストです。
そう考えると、着るべき服が、自ずと絞り込まれてくるはずです。

あなたは去年一年間でまったく着なかった服が、どれくらいありますか？
買ってみたものの、一度も袖《そで》を通していない服、着てみたものの、違和感があり着ていて楽しくなかった服……。

そうした服は、来年はもちろんこれから先も着ないでしょう。流行がまためぐってくるかもしれないと服をとっておく人もいますが、まったく同じものが流行ることはまずありません。シルエットや丈など微妙にニュアンスが違ってくるからです。

また、気に入らないけれど高価だったから元を取らなければと、無理やり着ても落ち着かないものです。服は高価かもしれませんが、あなたに合わないのなら、その価値はないに等しいのです。

そうした着ない服に占領されているクローゼットは、悲惨なものでしょう。

満員電車のように服が詰め込まれ、押しつぶされ肩のラインが崩れたり、しわになったり。お気に入りの服も泣いているのではありませんか？

それぞれの服が見渡せ、コーディネートを考えられる、ハンガーが楽に取り出せるのが適正な範囲です。

―クローゼットは収納のためにあるのではなく、服の数を増やさないためにある―

そう考えると、無駄な服を買わずに済みます。

収納スペースが限られていると考えると、自然にベーシックな服を選ぶようになります。

イギリス生まれの友人は、いつもブルーのシャツを着ています。

ジャケットは、上質な無地のもの。セーターはカシミヤ製のブルー。

いつもベーシックなスタイルで、まるでユニフォームのようなのです。

私は、彼が他のスタイルをしているのを見たことがありません。

「上質の着たきりスズメ」と、いったらいいのでしょうか？

服は手入れが行き届いていますから、みすぼらしい感じはしませんし、似合っていますが、違和感を持っていたのです。

彼の実家は、現地では有名なお金持ちです。彼自身もいくつもの会社を経営しているセレブです。「もっと、服を買えばいいのに……」内心、そう思っていたのです。

ところが、彼はシャツもジャケットもセーターも同じものを、何枚もオーダーしていたのです。シャツの袖たけや着丈、ジャケットの肩パットの位置、セーターの袖たけ。細かく注文をつけ、自分に合ったものを決めたら、それを何枚もオーダーする。

ベーシックなスタイルにしたのは、体型さえ変わらなければ、長く着られるから……。

「流行に惑わされたり、見るからにお金がかかった服をとっかえひっかえするのは、私の美学に合わない」と言います。

自分のスタイルを持とうと思っていても、つい流行に左右され無駄な服を買ってしまう私には頭の痛い言葉です。

着たきりスズメは極端でも、「昨日買ってきました」「今年の流行です」というような服よりも、体になじんだ服のほうが安心できます。

大切な日のために新調した服であっても、ベーシックな服を選び、時間があればその前に着て動いてみる。

体になじませたほうが、当日慌てないで済む。

これは、ファッションコーディネーターをしている友人の教えです。

ベーシックな服であっても、スカーフやストール、おおぶりのアクセサリーなどを使えば、おしゃれのバリエーションはいくらでもつけられます。

こうしたものは、流行遅れになる心配がないのでお勧めします。

以前、イタリアで黒のベーシックなスーツに、鮮やかなピンクのストールを合わせた女性を見かけましたが、その人の周りだけ輝いてみえました。

またベーシックなスーツには、華やかな色のスカーフをブラウス代わりに合わせるのも、粋です。

おしゃれにかけるセレブの節約は、ベーシックにつきるのです。

Point　クローゼットは、服の数を増やさないためにある

本やソフト～なるべく増やさず楽しむコツ～

私にとって最も厄介《やっかい》なのが、本の整理です。

仕事もあって、年間三百冊以上は本を買い、いただく本も百冊を超えます。

執筆の参考にするだけでなく、流行を知る意味でも本は欠かせません。

しかし本は、場所をとる割に、頻繁に出し入れするわけでもありません。

ただ漠然と持っているのは、もったいない場所の取り方になっていく……。分かってはいるのですが、いつ何時《なんどき》必要になるか分からないと考えると、処分できないのです。

私のように、本の仕事に関わっていない人でも、本好きな人は多いもの。

また、音楽好きにはCD、映画好きにはDVDが、処分できない最たるものになっていると思います。中には、本も音楽も映画も好きという人もいて……。

そういった人の家は、まるで図書館か、CDショップのようです。

私は、服や小物は処分できますが、本はなかなか処分できないでいました。

どんな本であっても本には著者の思いがこもっています。一冊を書きあげるのは、自分の魂を削るようなものです。

執筆を生業にしているから、書き上げた後の疲労感や達成感が分かるのです。

ですから、無下《むげ》に処分することができないでいました。

そして、一年に四百冊のペースで本が増え続けた結果、我が家は、書棚だらけ。家に置ききれない本は、レンタルスペースで保管する事態になったのです。

これでは必要な時が来ても、本を探すのに多くの時間が取られます。頭の中ではリストがあっても、どんな本を持っているのかもはっきり分からないのです。

増え続ける本に占領される家、かさむ保管料金、私は音をあげました。

そこで、ルールを決めて処分することにしたのです。

今から五年前のことです。

①ベストセラーやヒット作品は読んだらすぐに処分する
市場に出回っていますから、手放しても困らないのです。気になるところがあれば、そこだけ、メモをしたり、コピーをするなどします。

②実用書は使えるところだけを切り取るか、コピーして処分する

切り取った本や書き込みのある本は、リサイクル書店には出せません。資源ごみとして処分します。

③いただいた本や小冊子のうち自分の考え方とそぐわないものはただちに処分する

一読したあと、寄付やリサイクルに出します。

④医学や法律などの専門書は、時期を考えて処分する

新しい情報が増えたり、改訂される分野もあります。そうした時を目安に処分します。

⑤基礎的な資料をまとめた本は持たないと決める

図書館にあるもの、インターネットで調べられるものは、自分で持つ必要はありません。

こうしたルールを実行した結果、手元に残るのは、何度も読み返したいと思う「ロングセラー」や、生き方の指標になる「自己啓発書」、ビジネスにすぐに役立つ「実践書」など。

自分が書いた本を含めて、年間に五十冊程度になりました。

自分が求めている情報が手の届くところにある。

情報にすぐにアクセスできることで、ストレスを感じることがなく、本を最大限に活用することができるようになったのです。

ＣＤやＤＶＤの処分も、基本は本と同じですが、ソフトには個人的な愛着がどうしても染みつきます。ですから、機械的に処分しないといつまでたっても片付きません。

自分にとって古くなったもの＝更新時刻の古いものから、処分していくのがいいです。

最近は、本やＣＤ、ＤＶＤは中古市場が確立しています。インターネットのサイトでもいくつも見つけられます。

著者としては、リサイクル書店で自分の本を見るのは複雑な気持ちですが、一冊の本が何人にも、知識や感動を与えると考えれば納得できます。

ちなみに私は、公共の施設に寄付する形が一番多いです。

公立図書館、地下鉄の駅の文庫、児童館、公民館など。その本にふさわしい施設を考え寄付をしています。

ＣＤやＤＶＤについても、教育的で役立ちそうなものであれば受けてくれるところもありますので、調べてみてくださいね。

また、都立図書館や国会図書館は蔵書の数が多く、書店で探しにくい本を見つけるのも容易です。かなり前に刊行された本や、絶版の本も探しやすいといえます。

小説やベストセラー、料理本、趣味の本などは、一度読むぐらいでしまっておく場合が多いので、図書館を利用するのもいいでしょう。

本もＣＤもＤＶＤも文化的な資産です。

処分するに際には、なるべくそのものを活かす方向を考えてほしいと思います。

Point 自分なりのルールを作れば、本もスムーズに処分できる

家具～部屋に空間を作るのがセレブ～

第一章でもお話ししましたが、セレブの家は家具や調度品が、整然と置かれています。家具はそれぞれサイズが計算されていて、無駄なスペースもありませんし、色も統一されています。調度品も高価だからとか有名な作家の作品だからといった理由で並べたてることはしません。

電気製品や小物などは、お客様の目の触れないところにしまわれ、生活のにおいを感じることはありません。

寝室は「高級ホテルのベッドルーム」のようですし、リビングは「高級マンションのモデルルーム」。

富を誇るようなきらびやかな家具よりも、落ち着きと風格を感じさせる家具が置かれています。

特に、海外のセレブの家にお邪魔すると、空間の使い方に感心してしまいます。

単なる場所ふさぎになっているだけの家具や、家具の上にものを置くなど、空間を占領するようなことや美的でないことを、いっさい目にすることがありません。

生活空間を広くするために、家具は低めにしてあり、色合いも統一してあります。

家具は、使うほどにいい味が出てくる、良質な素材で丈夫に作られたもの。

家具は空間を埋めるものではなく、空間を演出するためのものといった感じなのです。

そこに身を置くと、ほっとするのは空間が広いからでしょう。

最近は、ホームセンターや通信販売で、手ごろな家具がたくさん売られています。

つい、手が出てしまいますよね。

しかし、そういった家具は、流行のデザインで、お気に入りの色であっても、何十年もの間使われることはありません。

手ごろなものは、飽きやすく、また修理もできにくく、数年で処分することになるのです。こういうと、家具は高級品に限ると言っているように聞こえますが、現実問題、家具は高価な買い物です。

その場合、セレブの家具をマネするのではなく、空間の使い方をマネしてほしいのです。

数年で飽きる手ごろな家具を妥協して買うのではなく、家具なしで済ます方法を考えるのも、一つの方法です。

ソファを買う代わりに、大きめのクッションを床に置く。

食器棚を買う代わりに、本棚を利用する。

家具の数を増やさず、今あるもので代用できることはないかを考えてみましょう。

そして、空間は広く見積もって、空気の流れが良くなるように。

家具を買って空間を狭くするのならば、その分のお金で花や観葉植物を買う。

そのほうが、数倍豊かで安らぎに満ちた生活が送れます。

Point

家具はできるだけ買わずに、「代用」を考える

家電〜本当に必要だから買うのか、お金が使いたくて買うのかを考える〜

家にある家電のなかには、あまり使われていないものや本来の役目をしていないものがあります。

男性には、新しい家電が出るたびについ買ってしまう「家電マニア」という方もいるようですが、ライフスタイルに合わないものは、不用品です。

以前は子供がいたけれど、独立して夫婦だけになった家庭では、大きな冷蔵庫は必要ありませんし、めったにパンを食べない家庭には、トースターもいりません。

オーブンレンジがあれば、用が足ります。

また、乾燥機も、バスルームに乾燥機能が付いていれば必要性は低くなります。

一方、一人暮らしのときに使っていた炊飯ジャーでは、結婚し子供が生まれた家庭では足りません。

家庭には、その時にふさわしい家電が必要なのです。

毎日の生活を不便に感じるならば、あわない家電は処分し、ライフスタイルにあったサイズやスタイルの家電を導入するべきです。

私の家にもいえることですが、つい買ってしまい使われていない家電の多くがキッチンに集中しています。

温泉卵メーカー、電動ゴマすり器、電動包丁研ぎ器……。

あるは、あるは……。

温泉卵メーカーは、温泉卵が好きだから。値段も安いので、買ったのですが一度も使わずじまいです。

考えてみれば温泉卵はコンビニで購入することができますし、80度のお湯を丼に張り、室温に戻した卵を入れ、ふたをすれば十五分もたてばできます。

電動ゴマすり器を使わなくても、すりゴマを買えばいいわけですし、電動包丁研ぎ器にいたっては、買ったものの使いこなせないのです。

我が家には二台のミキサーがありますが、ほとんど機能が変わらず、これも無駄。

ホットプレートも、焼肉プレートもたこ焼き器もありますが、一台で併用できるものもあって、何のために何台も買ったのか情けなくなります。

こうした家電の中には便利なものもありますし、重宝されている家庭もあるでしょうから、一概に無駄とは言えませんが、家電を買う場合は基本的なものを選んだほうがいいのではありませんか？　基本的な家電があれば、それ以上買わないこと。

あるいは、家電なしで済ます方法を考えることも、必要だと思います。

新しい家電が発売されると、魅力的なＣＭが放送され買いたいという気にさせます。これを使えばどんなに楽しい生活になるのかをイメージした広告を見れば、買わないのは損だと思うでしょう。

ですから、本当に欲しいから買うのではなく、お金を使いたいから買う行動に走りがちになるのです。

家電はかさばるものが多いので、買うにしろ、処分するにしろ簡単には考えないことです。

買うならば、本当に必要なのかを考える。

事前に機能やアフターフォローをよく調べて実行に移しましょう。

私の友人に「美容マニア」ともいえる女性がいます。

ブティックを経営する彼女は、いつもヘアスタイルやメイクがばっちり決まっていてずぼらな私にはまねができません。

きれいに巻いた髪は、ヘアアイロンとドライヤー、長いまつげは、温熱式のビューラー、爪は専用の電動キット……。一緒に温泉旅行に出かけた私は、持ち物の多さに驚きました。

美しさをキープするために、それらを持ち歩いていたからです。

意気込みは買いますが、どうかと思います。

旅行に出かけるときには、できるだけ荷物をコンパクトにし、身軽に動けるようにしたほうが、いいのではありませんか？

日頃から、ものがなくても済む方法を考えること。ものに頼らない知恵を持つべきでしょう。

Point 家電は、なくても済んでしまうことが意外に多い

つまらないものを買わずに済ます魔法の質問

私はもともと買い物が大好きです。

以前は、ブランド買いに走って、フランスの某ブランドのソルドに日本から駆けつけたり、韓国やシンガポール、香港のバーゲンシーズンには必ず出かけていました。

いつでもどこでも、欲しいものはすぐに手に入れる。そんな生活を続けてきたのです。

当時の私は、ものが必要なのでも、欲しいのでもなくお金を使いたいから。

お金を使うことで、ストレスを発散したいだけだったような気がします。

本当に、バカなことを続けてきました。

無駄なもので家は占領され、片付かない苛立《いらだ》ちが募り……。

ストレスを発散するための買い物が、ストレスを呼んでいました。

たくさんのものに囲まれていると、どれが自分にとって大切なものかが分からなくなってきます。この状況は、あれもやりたい、これもやりたいと、手当たり次第に手を出しているのと同じです。

時間もお金も有限です。

私たちのできることには、限界があるのです。

つまらないものに囲まれていたら、つまらない人生になってしまう……。

そう考えられないでしょうか？

私は、買い物をするからには、悔いのないものを買いたいと思っています。

どんな小さなものでも、とことん楽しんで買う。納得がいく愛着の湧くものを買いたいのです。

買うものは一つであっても、いろいろな商品を見ることは、知識を増やし見聞を広めます。販売員さんとのやりとりは、コミュニケーションを図る勉強ともいえます。

ですから、ものを増やさないことを貫くために、買い物を避ける気持ちはありません。

しかし、ルールを決めなければ、またもとのようになりかねません。

買い物をする際には、

「これはあなたにとって本当に必要なものなの？」と自問します。

「必要だ」と答えが出たら、「なぜ必要だと思うの？」と、また自分に問いかけます。

たとえば、服でしたら「私に似合うデザインだと思うし、同じスタイルの服は持ってないから、必要だと思う」とか、「流行っているし、みんな持っているから」と、答えはいろいろ出ると思います。

前者のように理由が明確に答えられれば、「買って役に立つ（便利だ）と感じる回数よりも、邪魔だと感じる回数のほうが多くならない？」と、最後の質問をします。

そこで、「役に立つと思う回数のほうが断然多いと思う……」となれば、購入します。

こうして、段階を追って自問することで、冷静にそのものとの関わり合い方を確認するのです。

「これはあなたにとって本当に必要なものなの？」という単純な質問では、私のような買い物好きは、「もちろん、必要に決まっているわ！」と、すべて答えかねません。

つまらないものを増やすことになるのです。

ですから面倒と思わず、欲しいものを前にしたときには、

①「これはあなたにとって本当に必要なものなの？」
②「なぜ必要だと思うの？」
③「買って役立つ（便利だ）と感じる回数よりも、邪魔だと感じる回数のほうが多くならない？」

三段階で、自問し答えを出しています。
こうすることで、愛着の湧くものが選べるようになります。

Point ほんとうに無駄なものではないか、三段階で自問自答してみる

第8章

常識を気にしないとお金が貯まる

日本に億万長者が少ない理由

日本には、人と違ったことをしたり、人がやらないことをする人に、冷たい視線を送るところがあります。横並び主義から飛び出した人を、バッシングしたりするのです。

私も、日本ではポピュラーではなかった男性機能補助具を開発し、世の中に売り出そうとしたときには、「主婦の素人発明なんてヒットするはずがない」とか「女のくせによくやるよ！」などと言われましたが、「女性がやるから価値がある」「世の中にないものだから、きっと売れるよ」と考えることで、何とかやり遂げられたのです。

新しいことに挑戦するとき、たいがいの人が「苦労するぞ」「最初にやると、怪我するぞ」と言って、前に向かう人の足を引っ張ろうとします。

私の場合もそうでした。

何事も、最初からうまくいくはずなどありません。

「世の中がまだそこまでいっていないのだ」と考え、「誰もやっていないからこそ、可能性がある」と、受け取るくらいでいいのです。

不思議なもので、少しでも世の中に知られるようになると、「ヒットすると思っていたんだよ」とか、「さすが臼井さんは、目の付けどころが違うね」などと、それまで私に否定的だった人が、手のひらを返したように、応援側に回ってきました。

うまくいくことが、誰の目にも明らかになると「それじゃ、私も」と後に続いたり、「どうしたら、臼井さんみたいなビジネスが考えられるの」と、高飛車《たかびしゃ》な態度だった人まで、質問をしてきたり……。

「最初の一歩を歩みだすのは怖いけれど、二番手ならばやれるかな?」といった価値観で動く人が多いのです。

めまぐるしく経済が動く時代です。

周囲の様子をうかがい、二番手、三番手に甘んじていたら、時代に追いつけません。チャンスを逃してしまうのです。

これは、ものづくりだけではありません。

サービスも、投資も、人づきあいも、勉強も。

みんながやるから、あの人も始めたからでは、通用しなくなっているのです。

横並び主義を捨てなければ、私たちは変われないと思っています。

「コツコツ努力を重ねていれば、いつか必ず実る」といった教えを、子供のころから私は受けてきました。

「その他大勢から飛び出すリスクを冒さなくても、必ず報われる」「だから、ひとつのことを辛抱強くやり遂げなさい」と。

努力を否定はしません。

しかし、いつか必ず報われると考えるとすれば、それは違います。

私がお会いしてきたセレブたちは、努力をしてきた人たちではありますが、それだけではありません。広い視野を持ち、常に先を見ています。

これから何がうけるのか、自分に何ができるのか、最新の情報を集め、人脈をつくり、勉強をし、ここぞというときになったら大きく飛び出すのです。

「横並び主義を良し」と、考える人など皆無です。

努力を重ねているのに、うまくいかないという人がいたら、ものの考え方や方向性が正しいかどうかを疑ってみてください。

収入や、地位に不満があるのに「いいことないかな？」と指をくわえる。「どうせ私はお金とは縁がない」と投げやりになる。

そうした嘆きが、私にはよく分かります。

かつての私も、こうした言葉を繰り返していましたから……。

しかし、はなからあきらめ、挑戦しない人には、チャンスはめぐってきません。

日本人は、創意工夫をするのが得意な国民です。勉強熱心な努力家の素質を持っています。世界中でいちばん億万長者になれる資質を持っているのが、日本人だと、私は信じて疑いません。

人の目など気にせず、踏み出しましょう。

Point
日本人は、億万長者になれる資質を世界でいちばん持っている

セレブはプレゼントを効果的に使う

セレブは一体どんなものをプレゼントするのか？

気になる方も多いのではないでしょうか。

お金があって、何でも手に入る彼らのことですから、お金にものを言わせてとんでもないものをプレゼントするのではないか、と思われるかもしれませんね。

決してそんなことはありません。

私たちが考える以上に、彼らは贈られる側がいかに喜んでくれるのか。

どんなプレゼントを贈れば、印象に残るのか。

お金を使うのではなく、気づかいをすることに神経を使っています。

値段が高ければいいというものではありません。

とんでもない値段のものを贈れば、相手の負担は大きくなります。

「こんな高価なものをいただいたら、どんなお返しをしたらいいのだろう？」

「お金のある方には、生半可なものをお返ししたら、失礼だ」

「何でも買える方なのだから、どうしたものか……」と。

せっかくの好意が、徒《あだ》になってしまいます。

相手の負担にならず、良い印象を残すプレゼントを選ぶ。

セレブは、プレゼント上手です。それに、お歳暮やお中元といった常識にもとらわれません。

ここで、私が経験してきた、セレブのプレゼントテクニックを紹介しましょう。

私が、仲良くさせていただいている四十代の運送会社を経営するセレブは、思いがけないときにプレゼントを贈ってきます。

誕生日やクリスマスなどに、プレゼントをやりとりするのは、よくあることですが彼は「サプライズプレゼントの名手」。

私の好みを知っていて、「臼井さんの好きな○○が手に入ったから」と手書きのメッセージを添えて、お花やお菓子を贈ってくるのです。

「いつそんな話をしたかなあ？」

「私、○○が好きって言ったかな？」

私のほうが驚くくらいです。

また、どこから聞いてくるのか「最近、疲れ気味ではないですか？　これを入れてゆっくり入浴して疲れを癒《いや》して下さい」と、バラの香りが漂う入浴剤をくださったり。

その気づかいには、感激します。

大阪在住の若手の女性経営者は、気取らない性格が魅力のセレブです。

彼女は、プレゼントには必ず毛筆書きのメッセージを添えてくるのです。

「限定品です。早起きして並んで買いました。大変でしたよ（汗）」と、ユーモアたっぷりのメッセージが添えられたブランド品が届いたときには嬉しかったですし、彼女の人柄の良さを痛感しました。

こんなこともありました。

去年の誕生日のことですが、誕生日が一週間ほど過ぎたころ、

「プレゼントの時期をわざとずらしました。たくさんのプレゼントを贈られると思うので。それに私たちの年代だと、年齢はできる限り重ねたくないものね（笑）」

おそらく、贈ることを忘れていたのではないかと思うのですが、気後れせず堂々とユー

モアを添えたメッセージ付きのプレゼントが贈られてきました。

贈り主は、私よりも二歳年上の女性。普段ユーモアを言うタイプではないだけに、「考えたなあ〜」と、感心したものです。

これらに共通するのは、決して高い贈り物ではないこと。

手紙やメッセージは手書き。郵送で送られた場合にも、必ず電話がかかってくることです。

そのものを選んだ理由を直接聞くと、相手の心づかいをさらに感じ印象に残ります。

わざわざ、電話をするなんて恩着せがましいとか図々しいと感じる人もいるかもしれませんが、贈られた側はそうは思いません。

セレブにとっては普通であっても、一般的な常識から考えたら高価過ぎるプレゼントを贈り、そうした行動をとれば「お金持ちのやること」と、良くない印象を持つ人もいるかもしれません。

しかし、そうした印象を持つのは、心の狭い人です。

自分のためにお金と時間と手間をかけてくれたと考えれば、感謝の気持ちが湧いて当然です。

また、ビジネスライクにお中元やお歳暮を送るよりも、常識にとらわれず時期をずらして、限定品や手作りの品物、お土産を手渡すのも、セレブのプレゼントのやり方です。

Point プレゼントには常識よりもユーモアを添えて

金づかいではなく気づかいにあふれたセレブ

ある六十代のセレブの奥様に伺がった話を紹介しましょう。

結婚して間もないころ、ご主人の仕事は忙しく、誕生日を二人で祝うことは少なかったといいます。

収入も少なかったので、自分でできる範囲で最大の心づかいをする……。

二人の間では、それが当然のことでした。

今の若いカップルのように、収入が少ない男性が無理をしてティファニーのアクセサリーやシャネルのバッグを贈る。一流ホテルで食事をする、などということは、考えられない時代です。

私も、こうした最近の風潮は、理解できません。

もし、私が相手の懐具合《ふところぐあい》からみて、無理をしたというようなプレゼントをもらったら、気持ちが重くなってしまいます。

「私は、もので釣られるような女性ではない」

「そんなものを、欲しいと思うような女性だと思っていたのね」

嬉しさよりも、怒りがこみあげてくるのではないでしょうか。

身の丈に合った最高の贈り物を考える。

それが心を伝える方法なのです。


先の奥様は、まさに心を伝えるプレゼントをいただいていたといいます。

結婚三年目、ご主人は独立してクリーニング会社を設立しました。

前にも増して忙しくなり、帰宅は深夜になることもたびたび。

休日も返上して、仕事をしていました。

そんなとき、奥様の誕生日がやってきました。

会社の資金繰りに奔走《ほんそう》していたこともあって、誕生日どころではないですし、奥様も自分の誕生日を忘れていたといいます。

その日、遅く帰宅したご主人の手には、ケーキと、小さな包み。

奥様へのプレゼントでした。

「今年は、こんな小さなものしか買えないけれど、来年はもっと大きなものが買えるようにがんばるね。お誕生日おめでとう」

包みのなかには、奥様の誕生石のルビーのペンダントが入っていました。

それは、それは、小さなルビーだったそうです。

欲しいと言ったこともありませんし、そんなそぶりもしていないのに、ご主人は彼女の欲しいものを理解したうえに、身の丈に合った最高の贈り方をしたのです。

翌年の誕生日、ご主人は約束通り一段大きなルビーのペンダントを贈りました。

そうして会社の業績が上がるにつれ、少しずつルビーは大きくなっていったそうです。

この話を聞いた時、翌年の誕生日を想像した奥様の気持ちはどうだったのかなと思いました。より大きなルビーをもらうことよりも、それを渡すことを目標にがんばっているご主人の姿を想像しては、尊敬と感謝の念を深めていったのではないでしょうか。

あるセレブのご夫婦は、二人の誕生日には靴を贈ると決めています。

長い道のりを二人で歩いていこう、という気持ちの表れです。

また、結婚記念日には、毎年プロに記念写真を撮ってもらうという人もいます。

上等の真珠を、奥様の誕生日に一粒ずつ贈り続けているご主人もいます。ためた真珠は、ネックレスに仕立てたり、リングにする……。おしゃれな贈り方だと思います。

パートナーの誕生日に、クルーザーを贈るとか、別荘をプレゼントする、高級外車を買うというセレブも、もちろんいます。

それはそれで、嬉しいものでしょうが、金づかいで日頃の感謝の気持ちを示すよりも、気づかいで示すほうが、どれだけ相手の心に響くか分かりません。

お金を使える余裕以上の、気づかいをする余裕を持っている。

本物のセレブとは、そういう人です。

Point 心を伝えるプレゼントが相手の心に響く

必要なのはお金よりも思いやり

五年前、私は十二年連れ添った主人をがんで亡くしました。

闘病生活も長く、その日が来るのを覚悟はしていましたが、いざ現実に直面したときには、これから先どう生きていったらいいのか。何を頼りにしたらいいのか。

ただ、呆然とするばかりでした。

元旦に亡くなったことと、「親族以外には絶対に知らせるな」という主人の遺言もあって、私は会社の社員にも取引先にも、主人の死を伝えませんでした。

告別式を身内だけで行い、正月休みが終わり、何事もなかったように仕事に就きました。周囲に伝えたのは、四九日が済んだ二月も終わりになったころです。

その時、お悔やみの言葉以上に、批難の言葉をいただきました。

「なぜ伝えてくれなかったのか？　水臭い」というもの。

「知らせず済ますつもりだったのか？　あなたは常識がない」

「私を恩知らずな男にするつもりか……」といった言葉もありました。

そうはいっても主人の遺言です。

私は、主人の気持ちを尊重しただけなのです。

しかし……。

批難の声を私にぶつけながら、その後一度も顔をみせず、お悔やみのお金だけを送ってきた方がいます。主人とは付き合いがほとんどない方で、その額が想像を超えたものだったので、どうしていいものか思案しました。

そして、人を介してそれとなく事情を聞いたところ

「私はいつもそれぐらいのお金を包んでいる、親しさは関係ない」ということでした。

割り切れない思いがしたものです。

また、お悔やみを口実に保険の営業にみえた方もいます。

お焼香を手短にすませると、いきなりパンフレットを取り出し、

「何があるか分かりませんよね。臼井さんにはお子さんがいらっしゃらないのですから、ご自身の老後のことはしっかり考えておくべきです……」

そう言うと、生命保険や介護保険の説明を始めました。

主人の死を契機に、人間の本音や建前を垣間見た気がします。

そんななか、ピンクのバラを花束にして、私の友人がお悔やみにきました。

「ご主人、ピンクのバラが好きだったよね……」

仏壇とは不釣り合いな、非常識にも思える花束をくださったのです。

そして、私の肩を抱いて「偉かったね、由妃ちゃん。一人で耐えて……。ごめんね、知らなくて。もう、泣いていいよ」と、言いました。

私は、彼女の胸で子供のように泣きじゃくったのです。

あの時の言葉ほど、心にしみたお悔やみはありません。

心の底から、夫を亡くした友人を思いやる気持ちが溢れている言葉。

そして、主人の好きだった花を贈る気持ち。

こうした気づかいがあれば、お金はいらないのでは、と思います。

義理を欠くから、恥をかくからと、大金を包む。

本当は、出したくないが仕方なくお金を包む。

あるいは、コストを減らしたいあまりに、人づきあいを拒む。

どれも、違うのではないでしょうか？

人づきあいは、思いやりを示すことが何より大切なのです。

日本には、冠婚葬祭で包む額を、ノルマと考えてしまうところがあります。赤ちゃんの誕生祝い、入学、卒業、引っ越し、就職、お見舞い……と、折にふれてお金で気持ちを表す習慣があるから、仕方がないのかもしれませんが、包む金額をノルマと考えるほど、さびしいことはないと思います。

その人らしさが伝わってこないからです。少なくとも、私があの日友人からうけた言葉のように、心にしみる言葉や、思いやりを示してほしいと思います。

訃報《ふほう》を聞いた場合には、遺族の悲しみをできる限り邪魔しないような配慮が大切です。会社がらみのつきあいや仕事上のつきあいならば、お悔やみの手紙やカードに花を添えるくらい。しばらくして、相手が落ち着いた頃を見はからって、あらかじめ連絡をとったうえで訪問し、遺族の方と亡くなった方との思い出話をする。

このほうが、ずっとスマートで心を伝えることもできると思います。

Point **無神経な義理よりも、思いやりのある非常識を**

セレブのお財布にはカードが少ない

「カードをたくさん持っているんでしょう？」

セレブの財布には、多くのカードが入っていると思われがちですが、意外なほどカードは少なく、お財布はすっきりしています。

むしろ、OLの方や一般のビジネスマンの方が、数でいえばたくさんのカードを持っているかもしれません。なかには、一枚もカードを持っていないセレブもいます。

なぜだと思いますか？

セレブが買い物をする場合には、馴染みのお店ではその場でお金を払わず、後で振り込んだり、お店の人が集金にきます。

デパートでは、外商部の方がつきっきりで買い物の世話をし、後でまとめて請求をだします。多額の現金を持ち歩かなくても、カードを持っていなくても、用が足りるのです。

食事にしても同様です。顔パスといってはおかしいですが、大きな金額であっても「○○様だから後払い」でも、すむのです。

カードを持たなくても、信用を持っているから、カードは必要ない、といったところでしょう。

ＯＬやビジネスマンには、付き合いだから、頼まれたからと、何枚もカードを持つ人がいます。プレゼントがもらえるとか、年会費が無料だからと理由はあるでしょうが、何枚もカードを持っていれば、お金の出所が分かりにくくなります。

それに、持っていればどうしても使いたくなります。気が大きくなって、自分の収入に見合わない使い方をしてしまうのです。

本来、カードはその人の社会的な信用度を表すものです。買い物の限度額が五十万円に設定されているカードならば、その人の信用度は五十万円と見るのがふさわしいのです。しかし、信用度を示すものというよりも、「見栄を張るための小道具」になっている場合があります。

そうした人が、間違ったカードの使い方をするのです。

Point カードは見栄を張るための道具ではない

プレミアムカードでないと意味がない

セレブがカードを持つのは、自分の社会的な信用度を最大限に示すためです。

彼らは、見栄を張る必要はないのですから、何枚ものカードを持つことは決してありません。

カードがなくても、現金で高価な買い物ができる立場にありますし、現金の持ち合わせがなくても、後で決済することもできます。

カードを持たなくてもいいのですが、どこに行ってもそのルールが通るわけではありません。海外に出かけたときや、なじみの店以外で買い物するとき、大金を持ち歩けないときには、どうしてもカードが必要になります。

とはいっても、簡単に手に入れられる一般的なカードを持つことはしません。

その他大勢と同じと思われるのは好まないですから……。

たとえば、限度額が五十万円の誰もが手に入れられるカードを持ったところで、それなりの人にしか評価されません。

何枚もそうしたカードを持ったところで、信用度を表す指標にはならないと考えるからです。持つならば、自分の信用度を最大限に示すクオリティーの高い「プレミアムカード」です。

「プレミアムカード」とは、一般的なカードの上のクラスである「ゴールドカード」よりもさらに上のクラスのカードで、収入や社会的な信用、名声も兼ね備えた人しか手にすることができないカードです。

基本的には、カード会社の担当の方が、一定の基準の方に入会を促すか、プレミアムカードの所有者から紹介を受けた方が、審査を受ける形で入会します。

そうはいっても入会するには、厳しい審査がありますから、入会できないこともありますし、審査に通っても高額な年会費を払わなければいけません。

持つのも大変なうえに、持ち続けるにも、お金がかかる「プレミアムカード」ですが、それでもセレブは「プレミアムカード」にこだわります。

付帯しているサービスや特典が、一般的なカードやゴールドカードとは比べものにならないからです。

主要な空港の専用ラウンジを使用できたり、買い物額に応じたポイントが通常のカードよりも、はるかに効率よく貯まるのはあたりまえ。

入手が困難なコンサートのチケットが取れる、限られたお客様しか入れないお店に入店できる、専用飛行機をチャーターできる、プレミアムカードを持っている人だけに特別なサービスをしてくれるホテルやレストランがある……など。

様々なサービスがありますが、あるプレミアムカードでは、飛行機のチケットをプレミアム専用デスクで購入すると、アップグレードになるサービスがあります。

エコノミーがビジネスクラスになり、ビジネスクラスならばファーストクラスになるのです。(正規運賃で購入の場合です。ただし例外もあります)

頻繁に海外に出かけるセレブにとっては、嬉しいサービスですね。

何だか不公平な気持ちがしないでもありませんが、これが「プレミアムカード」の威力というのでしょうか。

私も経験しましたが、海外に出かけたときほど「プレミアムカード」の威力を思い知ります。

どこに行っても、対応が明らかに違う……。

カードは信用度を示す指標というのが、うなずけます。

「プレミアムカードでないと、持つ意味がないよ」

あるセレブの方が、以前言っていましたが、そういう面があるのは確かです。

Point セレブは「プレミアムカード」の特典に重きをおく

ポイントカードは趣味として持つ

セレブはポイントカードを持たないのでしょうか?

いいえ、そんなことはありません。

セレブだって、ポイントカードやサービスカードの類を持っています。

ただし、何でもかんでも持つとか、お得だからという意味だけで持つということはありません。

ポイントカード一つ持つにも、こだわりがあるのです。

「会員カード」や、「ポイントカード」は、さまざまなお店で発行されています。

洋服、靴、食品、化粧品や薬、美容室やエステ、マッサージ、歯医者さんや鍼灸院《しんきゅういん》でも最近では、発行しています。

多くのお店が、ポイントが貯まると「プレゼントを差し上げます」とか「○○円値引きをします」「特別に○○をサービスします」といったふうに、ポイントを貯めることの利点を強調し、「お客様のデータを管理します」といってはカード作りを勧めます。

「お得なポイントカードがあります、無料でお作りできますから……」と、お店の人に勧められれば、あまり行く機会のないお店であっても、「とりあえず作っておこうかな……」ということになって、知らず知らずのうちにお財布の中は、ポイントカードだらけということになります。

賢いお客様ならば、そうしたカードを使いこなすと思いますが、多くのポイントカードを持っていても、そのすべてを使いこなす人は、そうそういません。

なくしたり、持っているのを忘れたり、期限のあるものでは、ポイントを貯めたものの、期限切れでサービスを受けられなかったり。

お店の顧客管理を手伝うために、何枚ものポイントカードを持ち、引き出しやお財布がゴチャゴチャになるのは、本末転倒なのではないでしょうか?

こうしたポイントカードを作ると、「DM」が届きます。

ポイントカードを作るには、住所や名前を記入する必要があるから当然なのですが……。

気に入ったお店や行く機会の多いお店ならば、いいでしょうが、何となくポイントカードを作ったお店からも届くのです。

住所が書いてあるために、DMは処分が面倒でついついそのままになってしまいます。時には、カタログも送られてきて、要らないポイントカードを作ったがために、無駄なものが家の中に増えていくのです。

お得なはずのポイントカードが、無駄を生みだしていく。

何とも皮肉な話ではありませんか？

セレブは、本当に気に入ったお店や馴染みにしたいお店でしかポイントカードを作りません。いくらお得ですからといわれても、「うかがう機会がないと思うので、結構です」とか、「遠くに住んでいるので」「ふらっと寄っただけなので」と、断るのです。

セレブにとってのポイントカードとは、お得なサービスを受けるためのものではなく、自分の趣味趣向の延長線上にあって、自分の意思でもらうもの。

ポイントカードがあれば嬉しいですが、ないからといって、そのお店に行かないわけではないのです。

おしゃれや美容、食べ物にもこだわりをもつセレブならば、持つポイントカードもこだわりの店のものだけ。

何枚も持ち、お財布をパンパンに厚くすることはないのです。

それに、「また買い物にくるかも」「お得かも」と作りがちなポイントカードですが、思うより使う機会は少ないものです。

Point ポイントカードは、本当に気に入ったお店でしか作らない

1円の違いは気にしない

節約をしているのに、なぜかお金が貯まらない……。
それは、お金の使い方に問題があるからに他なりません。
収入が変わらないのに、貯金がある人とそうでない人の違いは簡単です。
貯めている人は、無駄なお金を使っていない。その一点に尽きます
節約している一方で、ちょこちょこ買いをしている人はまずお金は貯まりません。
自分のお金の使い方の無駄に気づくこと。それがお金を貯める第一歩です。

それでは、お金の無駄を把握するためには、どんなことが必要だと思いますか？

「家計簿？」と、答える方が多いのではないでしょうか。

実は、この家計簿が思わぬ失敗を生む場合があるのです。

家計管理でいけないのは、細かいところばかりを気にすることです。

毎日の節約に、苦心していてもちょっと気が緩んで買い物をして「まあ、いいか……」とお金を使ってしまいあとはずるずる……。

あるいは、一円収支が合わないからと必死になり、家計簿をつけることが仕事になってしまう。

こうなると、本末転倒です。

大切なのは、家計全体の流れをつかむことであって、一円の違いを気にすることではありません。

中でも、何に使ったか分からない「使途不明金」を洗い出すのがポイントです。

私は、家計簿はつけていません。

細かいところを気にする性質ですから、家計簿をつけ始めたらそのことに必死になるのは目に見えています。

パソコンに打ち込むというやり方もありますが、パソコンに打ち込んで分析するほど、我が家の経済は大きなスケールではありませんし、事をおおげさにしないのが、長続きのコツだと思います。

そこで、家計簿ではなく家計メモをつけているのです。

ここで、私の家計メモを紹介しましょう。

なお、メモに使っているのは、B5サイズのノートです。

◎一日が終わったら使った金額をチェックする

レシートや領収書をとっておいて、A本当に必要で買ったもの、B衝動買いしたもの、C必要だけれど知恵を絞ればもっと安く買えるもの、の三つに分けます。

たとえば、マスクメロン三千円（C）・羊羹二千円（B）・天然塩千二百円（A）というように。

三つの分け方は、マスクメロンは、いつも買うお店が休みでふらりと入ったお店で値段を考えずに買ったからC。羊羹《ようかん》は、デパ地下でおいしそうだったので買ったけれど、家にも買い置きがあったからB。天然塩は、いつも買うブランド塩だからAといった具合に、自分なりの判断で行います。

こうすると、無駄づかいをしていないと思っても、余計な買い物をしていることが分かります。買い物の傾向も分かるのです。

レシート類は、ノートに貼り付けておきますが、食費や雑費というような項目別に金額を記入することはしません。一日にいくら使ったのか、そのうち無駄な出費をどれぐらいしたのかが、分かればいいのです。

そして、一週間ごとに総額を計算し、さらに一カ月ごとに総額を計算しています。一日ごとに行っているのは、記憶がおぼろげになってしまうから。しかし、絶対に毎日やらなければいけないと、自分をしばることもしていません。

極めて大ざっぱな家計メモですが、つけるようになってから自分の弱点が見えてきました。家計管理の第一歩として、お勧めします。

ちなみに、通帳は家計管理用のものを一つにして、主な出費、大きな出費を通帳に書き込んでいますし、ATMでお金を引きだした場合にも、何のために引きだしたのかを書いておきます。公共料金は自動引き落とし、カード払いなどの決まった支払いのほとんどはこの通帳から引き落とされます。

Point **家計簿は「使途不明金」を洗い出すのがポイント**

収入が増えたら何に使うべきか

これまで、セレブの節約術＝贅肉《ぜいにく》のない贅沢生活を送るためにはどうしたらいいのか。その考え方や、コツをお話ししてきました。

そもそも、節約は何のためにするのでしょうか？

身の回りをすっきりさせ、ものや人や情報などいろいろな煩わしさから解放され、本当に欲しいものを手に入れるためだと思います。

たくさんのものに囲まれていると、自分にとって大切なものが何なのかが見えなくなってきます。

あれも欲しい、これも欲しい、こうもしたいと、手当たり次第に手を出していれば、やりたいことが何なのか、やるべきことは何かが、分からなくなるのです。

かつての私がそうでした。

「欲しい病」「したい病」にとりつかれて、際限なくお金を使っていました。

収入が増えれば、増えた分だけ使途不明金が増えていく状況でした。

しかし、収入には限界があります。いつまでも続くはずなどありません。

お金の使い方を反省し、無駄なものを買わないように努めましたが、一度狂った金銭感覚は簡単に改まるものではありません。

贅肉たっぷりの贅沢な生活が続いたのです。


そんなとき、ある本に出会いました。

その本に、「自分が生きたいように生きるためには、心と体と財布の三つがしっかり自立していること」と、書いてありました。

私は、打ちのめされました。

自立とは、少々の負担にもきちんと耐えられる力を持つということ。

私には、何にも備わっていなかったのです。

お金を使っても心の満足は得られず、体を気づかうこともない。

知識や教養や品格……、人として持つべきものへの配慮も足りなかったのです。

このことに気づいてから、私の浪費グセは徐々に治っていきました。

収入が増えれば、服や宝石や化粧品、外食に際限なく使っていたのが、それまでの足りないものを埋めるように、本や勉強に使うようになりました。

「面倒だ、疲れた」と、外食ばかりしていたのが、本物の味を知るためや自分へのご褒美のときなどと、食事を「楽しむ」ために外食をするようにもなったのです。

そうするうちに、私が私らしく生きている……という感覚が芽生えました。

人間関係でも仕事でも、イライラすることがなくなり、自分を束縛していたさまざまな縛りがなくなっていったのです。

私は正しい節約をすることで、収入が増えても浪費に走らず、自分を磨くことに費やす、本当の自分磨きができるようになったのだと思います。

収入が増えると、身の回りを飾るものにお金を費やしたくなるのは、女性ならば当然です。男性でしたら、飲む回数が増え、趣味にお金を費やす方もいるでしょう。

それは決して悪いことではありません。何かを欲しい、買いたいと思う欲があるから頑張れるのですから。

しかし、欲求がかなえばさらに別の欲求が生まれます。自制心のある人ならばいいのですが、私のような我慢できない人は、エスカレートしていきます。

自制心に自信を持てない人ならば、食べたり飲んだり、使えば消耗する「消えもの」にお金を使うのではなく、知識を深めるためにお金を使いましょう。

勉強で得たものは、邪魔になりませんし、得た知識を使うことでどんどん大きくなっていきます。

将来にわたって、あなたの力になるのです。

お金となって戻ってくる場合もあるでしょうし、有益な人と出会うチャンスを見つけられるかもしれません。

収入が増えた時だけでなく、節約で浮いたお金は、三分割の法則で運用するのをお勧めします。

三分割の法則とは、

①貯める
②欲しいものを手に入れる
③勉強に使う

得た金額を三つに分けて、運用することです。
②欲しいものは、本当に欲しいものがなければその分を他に振り分けてもいいですし、投資に興味のある方ならば、リスクを承知で株や金融商品を購入してもいいと思います。
ただし、どんな時でも③にお金をかけてください。

私は、無駄をしてはいけないと神経をとがらすのは、嫌いです。
心地よい生活をしたい。
自分らしく生きたいように生きる……。
セレブに学んだ節約術をするようになって、目指す生き方ができるようになりました。
そして、我が家の資産が徐々に膨らんできたのです。

Point 収入が増えたら、勉強にお金を費やす

終 章

気にせず、比べず、戦わないのがセレブ

浪費が習慣になった人は節約を習慣にできる

お金やものを欲しがるのは、人間の本能ですが、与えすぎれば心が胃拡張のように膨《ふく》れあがり、いくら与えても満足できない性格になっていきます。

かつての私がそうでした。

欲しいものを手に入れても決して満たされず、お金を使うことで満たされない心を癒《いや》そうとしていたのです。

いつからそんな私になったのか……。

考えてみれば、小さなころの私は、ものを欲しがる子供ではありませんでした。

実家が裕福なほうではなかったこともあり、我慢することを知っていたのです。

両親も、質素倹約を絵にかいたような人で、朝食は「ご飯とみそ汁、漬物」があれば十分で、「カレーライス」が夕食に並べば、ごちそうでした。

大好きだったバナナも、風邪をひいたときくらいにしか食べられない特別なものでした。

いまでもはっきり覚えていますが、当時流行っていた着せ替え人形がどうしても欲しくて、母にねだったときも「お友だちが持っているから欲しいだけでしょ?」と、まったくとりあってくれなかったのです。

家計を考えれば、着せ替え人形は贅沢だったかもしれません。

しかしそれまで、ただの一度ものをねだったことなどありませんし、私は一人っ子です。それぐらい聞いてくれたっていいのではないか……。

なんて冷たい母だと思ったものでした。

そんな両親のもと、子供のころから長い間、私は、浪費とは無縁の生活をしていたのです。

そんな私が、浪費に走ったのは経営者として仕事に自信が芽生えたころ。

時間に追われ、仕事に追われ人間関係の煩わしさに翻弄《ほんろう》され、やりたいことができないイライラが募ってきたときでした。

ストレスを解消するように、ものを買い漁《あさ》りました。

欲しくないものでも「流行っているから」「いまなら自由に買えるから」と。

子供のころにした我慢を解消するように、お金を使いました。

しかし、手当たり次第にものを購入しても、満足するのはほんの一瞬だけ。

むしろ、衝動買いした膨大なものたちを前にして、後悔の念にさいなまれる日々が続いたのです。お金の扱い方が粗雑になり、ものを大切にする心が失われていく……。

お金に踊らされている私がそこにいたのです。


そんなある日、一人のセレブとの出会いが私の目を覚ましてくれました。

資産数十億は下らないその方は、いつお会いしても穏やかで品があって、私の憧れでした。

仕事は厳しくても、周囲の人は彼を慕い、彼もまた周囲の人を大切にする。

そんな彼の生き方、暮らし方が「贅肉のない贅沢生活」そのものだったのです。

そして、私はさまざまな暮らし方を実践しながら、最も心地よいライフスタイルを見つけていきました。

今では、お金も心も満ち足りた生活を送れるようになったのです。

私たちは、自分で選んだライフスタイルによって自分を育てています。

質素倹約を貫くのも、浪費に走るのも、ちょっとしたきっかけなのです。

いつものに囲まれていると気づかないのですが、ある時思いきって節約に目覚めればその習慣は、生まれついたもののようになって、ものに対する執着が薄まっていくのです。


「急に暮らしを変えることはできない」と、言う人がいます。

人はいったん贅沢な生活を味わうと、そのレベルを落とすことなどとうてい無理な話だと、多くの人が考えています。

しかし、それは思いこみにしかすぎないのです。

今、浪費グセが身についている人であっても、欲望を抑えることができない人であっても、どこかでスリムな生活にシフトしさえすれば、節約はまちがいなく天性になります。

Point
「生活のレベルは落とせない」は単なる思いこみ

好きなことにはお金を使う

セレブの節約術では、好きなことにお金を使うことが核になります。

本当に好きなことは何なのか、好きなことを見いだし、それが生活に潤いを与えてくれたり、将来にプラスになると考えれば、惜しみなくお金を使うこともあります。

ですから節約をしているからといって、悲壮感は微塵《みじん》もありませんし、よくある節約術のように、何でもかんでも予算を立てて、その範囲に収まらないといけないという強制的なイメージもありません。

知り合いのある社長は、食べるものにも着るものにもまったく執着がないのに、オーディオ機器には、惜しみなくお金を使います。

自宅に作ったオーディオルームで、焼酎を飲みながら、好きなクラシック音楽を聴くのが彼の最高の時間。

忙しさから解放され、英気を養うために欠かせないひとときなのです。

オーディオ機器にまったく興味のない私から見れば、信じられないお金を費やしていますが、それが彼の生き方なのです。

私も、人から見ればバカバカしいことにお金を使っているかもしれません。

今私は、愛犬の「亜美《あみ》」と過ごす時間をもっとも大切にしています。

彼女には、いつまでも元気でかわいくいて欲しいので、一カ月に三回は美容室に連れていき、医者にも通わせ愛犬ドックを受けさせたり歯石を取ったり。

犬の美容室代や治療代は、人間の比ではありませんから、私が美容に費やす金額よりも大きくなるときもあります。

また、かわいらしい洋服やアクセサリーを見つければ、自分のものを買うよりも先に「亜美」のものを買ってしまいます。

他は節約しても、彼女のためには、無条件でお金を使っているのです。

仮に、「犬のために大金を使うなんておかしい」とか「節約しなさい」と強制されたら、私の生活は成り立たなくなると思います。

好きなことを制限されるくらい、ストレスになることはありません。

また、欲しくもないものや、ゴミにしかならないものに手を出しかねません。
落ち着かない浪費生活に戻ることは、間違いないでしょう。
好きなことを節約すれば、かえって大きな浪費につながるのです。

Point ほんとうに〝好きなこと〟は節約してはいけない

心に悪いことはお財布にも悪い

「あのお金があったら……」

「あのとき貯金していれば……」

つい、こんな言葉が出てしまうものです。

マネープラン通りにいく人など、いるはずもありません。うまくいかないときには、後ろ向きに考えるのではなく、思い通りにいかないことで、マネープランをじっくり考え直す機会が増えると思えばいいのです。

いつもお金儲けのことばかり考えている人も、節約で頭がいっぱいの人も、お金に縛られていることに変わりはありません。

将来の夢を現実のものにするために、お金のことをしっかり見据えながら考えるのは、大切なことです。

しかし、「あのお金があったら……」と考えるのは、虚《むな》しさをかきたてるだけ。

不安感を煽《あお》るだけ損です。

お金は追いかければ逃げていきますし、無頓着《むとんちゃく》でも通り過ぎていきます。

「お金は、ほどほどにあればいい」と、おおらかに考えるぐらいでちょうどいいのです。

無理があってはいけません。

心に悪いことは、お財布にも悪いと考えましょう。

Point

「お金は、ほどほどにあればいい」とおおらかに考える

欲望に贅肉はつけない

三十代のころの私は、他人のちょっとした言動も気になって、気にくわないことやイライラすることが多かったのです。

相手の立場を思いやる気持ちが欠けていただけでなく、「人は人、自分は自分」と割り切ることができなかったように思います。

当時は、人の目が気になり、絶えず翻弄されていたのです。

しかし、最近は一歩引いた考え方ができるようになりました。

なぜでしょうか？

周囲が変化したのではなく、自分自身の欲望が落ち着いて、さまざまなことを受け入れやすくなってきたから。人と比べて考える悪い癖も、なくなってきたからでしょう。

私たちは、すでに十分過ぎるほどのものに囲まれて生活しています。

しかし、人と比べているうちは気がつかないのです。

心に余裕がないから、自分にとっては役に立たないものが重要なものに見えたり、つまらないものが、得なものに見えたり。

ある時は、たいして必要のないものまで、人の手に渡しては損だと考えて、無理をしても手に入れる。冷静に考えれば、手を出すはずのないリスクの高い投資話に足をさらわれてしまったり……。

心に贅肉をいっぱいつけているうちは、満たされている現状が理解できないのです。

セレブの節約とは、気にせず、比べず、戦わないのが鉄則です。

人生の主役は、自分自身です。

小さな幸せをかみしめ、感謝する。

愚痴や不満を口にせず、心の底から「幸せ」と思えることを毎日積み上げていきましょう。

Point 小さな幸せを積みあげれば、人と比べなくなる

人と比べる習慣をやめる

「ほかの人はどう言っているの？」

「普通は、どう考えるのかしら？」

あなたは、こうした類《たぐい》の質問をすることはありませんか？

友だち同士で、話していても「普通じゃないかしら」とか、「平均的な年収から見れば、恵まれているほうね」

仕事の場でも、「一般的には、受け入れられないかもね……」と。

私たちは、普通からずれたり、はみ出したりすることを怖がる気持ちが強いのではないでしょうか。

「人は人、自分は自分」を貫くのが、本当は心地よい生き方だと分かってはいても、つい「平均から見て自分はどうなのか……」と考えてしまうのです。

これは、危険です。

人はどうでもいいわけではありませんが、私らしさをなくしてしまうだけでなく、平均以上の人を「幸運な人」と羨望《せんぼう》の眼差《まなざ》しで見つめ、そうでない人を「不幸な人」と、見下し……。

自分が生きたいように生きる。

なりたい自分になるという「幸せの指標」が、ぶれてしまいます。

そうはいっても、五十一歳になった私は、

「他の五十一歳と比べて若々しく見えるかしら」

「普通より華やかでいたいわ」

「平均的な五十一歳よりは元気よね」と、どこかで人と比べています。

そして、こうした気持ちを持つたびに、自分を戒《いまし》めています。

若さにあこがれたって、私が二十代になれるわけではないし、華やかさを求めても、女優さんになれるわけでもありません。

元気さを自慢しても、それは自己満足に他なりません。

他人と比べても、他人を羨んでも、何ももたらされないのです。

私の知る限り、本物のセレブは「威風堂々《いふうどうどう》」と生きています。

人を羨むのは卑しいことと、「自分は自分」を徹底的に貫いています。
ある面、わがままなぐらいの生き方をしているのです。

自分の気持ちに正直に、自然体で。
重荷を背負うことはしない。
嫌だと思うことは「ノー」と伝える。
人と無意味な競争をしない。
自分にとって無駄だと思うことは避ける。
そうした結果、本物のセレブになれるのだと思います。

Point

〝平均〟を決めない。〝自分は自分〟を徹底的に貫く

人生というドラマを演じるのは自分

私は今、人生の折り返し地点にきたところです。

これまで、大きな困難が立ちはだかったことがありますし、いきなり上昇気流にのって、信じられないような富がもたらされたこともありました。

アップダウンを繰り返す、「エレベーターのような人生だ」と思っています。

欲しいものだらけで、自分が分かっていなかったころは、困難を前にすると立ち往生していました。

這《は》い上がるのにも、とてつもないパワーがいりました。

しかし、今は何があっても大丈夫です。

弱音は吐きませんし、そのときどきのいちばんいい方法で、対処することができると自信を持って言えます。

私は仕事やプライベートを通じて、多くのセレブにお会いする機会を得ました。

そして、彼らから見聞きした「セレブの節約術」が身についてから、自分なりの人生を、しっかり生きていくようになりました。

私がもっとも尊敬するセレブ、T氏は言います。

「人生の主役は自分自身です。しかし、この当たり前のことが分かっていない人が多い」と。

人生を大事にするようになると、周囲との関係やお金とのかかわり合い方も見えてきます。

お金に対する悩みも、確実に消えていくのです。

Point

〝人生の主役は自分だ〟ということを認識しよう

おわりに

私が「セレブの節約術」を志して、五年あまりが過ぎました。

振り返れば、それまで私がしてきた決断のなかで、最も賢明な決断だったと思います。衝動買いに明け暮れていた私にとっては、冒険的な挑戦であったばかりでなく、自分のライフスタイルを見つめなおす、またとないチャンスでした。

節約とは無縁だった私が、これまで続けてこられたのは「セレブの節約術」が、世間によくある、毎月の出費を少しでも少なくしたいと躍起《やっき》になるものではなく、あくまでも優雅に、自分のライフスタイルに合ったもので暮らすものだから。本当に必要なものは、無理をしてもあるいはじっくり時間をかけてでも、手に入れ、とことん大事に使いこなす。節約とはいっても、「贅肉のない贅沢な生活」を行うところにありました。

私は「セレブの節約術」で、たくさんあることは貧しさの表れだと知り、人は何もかもやらなくても、満足のいく生活を送れることも知りました。
余計なものを切り捨てれば、自分のための本当の時間が手に入り、大事なものが見えてくることが分かったのです。

すでに節約を行っているあなたには、本書を通じて今の節約術を見直す機会にしていただきたいと思います。ストレスのない「セレブの節約術」が、どれほど快適なものかを知って欲しいのです。

本書で述べてきたような節約術を実行すれば、あなたも最高の仕事、最高の人間関係、最高の生活が送れるようになります。
本書『セレブのスマート節約術』が、あなたの人生を豊かにするために少しでもお役に立てば、著者として、これほど嬉しいことはありません。

二〇〇九年三月　臼井由妃

一〇〇字書評

切り取り線

購買動機（新聞、雑誌名を記入するか、あるいは○をつけてください）	
□（　　　　　　　　　　）の広告を見て	
□（　　　　　　　　　　）の書評を見て	
□ 知人のすすめで	□ タイトルに惹かれて
□ カバーがよかったから	□ 内容が面白そうだから
□ 好きな作家だから	□ 好きな分野の本だから

●最近、最も感銘を受けた作品名をお書きください

●あなたのお好きな作家名をお書きください

●その他、ご要望がありましたらお書きください

住所	〒				
氏名		職業		年齢	
Eメール	※携帯には配信できません		新刊情報等のメール配信を希望する・しない		

あなたにお願い

この本の感想を、編集部までお寄せいただけたらありがたく存じます。今後の企画の参考にさせていただきます。Eメールでも結構です。

いただいた「一〇〇字書評」は、新聞・雑誌等に紹介させていただくことがあります。その場合はお礼として特製図書カードを差し上げます。

前ページの原稿用紙に書評をお書きの上、切り取り、左記までお送り下さい。宛先の住所は不要です。

なお、ご記入いただいたお名前、ご住所等は、書評紹介の事前了解、謝礼のお届けのためだけに利用し、そのほかの目的のために利用することはありません。

〒一〇一-八七〇一
祥伝社黄金文庫編集長　萩原貞臣
☎〇三(三二六五)二〇八〇
ohgon@shodensha.co.jp

祥伝社ホームページからも、書けるようになりました。

http://www.shodensha.co.jp/

祥伝社黄金文庫

祥伝社黄金文庫　創刊のことば

「小さくとも輝く知性」——祥伝社黄金文庫はいつの時代にあっても、きらりと光る個性を主張していきます。

真に人間的な価値とは何か、を求めるノン・ブックシリーズの子どもとしてスタートした祥伝社文庫ノンフィクションは、創刊15年を機に、祥伝社黄金文庫として新たな出発をいたします。「豊かで深い知恵と勇気」「大いなる人生の楽しみ」を追求するのが新シリーズの目的です。小さい身なりでも堂々と前進していきます。

黄金文庫をご愛読いただき、ご意見ご希望を編集部までお寄せくださいますよう、お願いいたします。

平成12年(2000年)2月1日　　祥伝社黄金文庫　編集部

セレブのスマート節約術《せつやくじゅつ》

平成21年4月20日　初版第1刷発行

著者　臼《うす》井《い》由《ゆ》妃《き》

発行者　竹内和芳

発行所　祥《しょう》伝《でん》社《しゃ》

東京都千代田区神田神保町3-6-5
九段尚学ビル　〒101-8701
☎03(3265)2081(販売部)
☎03(3265)2080(編集部)
☎03(3265)3622(業務部)

印刷所　錦明印刷

製本所　明泉堂

造本には十分注意しておりますが、万一、落丁、乱丁などの不良品がありましたら、「業務部」あてにお送り下さい。送料小社負担にてお取り替えいたします。

Printed in Japan
© 2009, Yuki Usui

ISBN978-4-396-31482-8 C0195

祥伝社のホームページ・http://www.shodensha.co.jp/

祥伝社黄金文庫

曽野綾子 完本 戒老録《かいろうろく》

この長寿社会で老年が守るべき一切を自己に問いかけ、すべての世代に提言する。晩年への心の指針！

曽野綾子 運命をたのしむ

すべてを受け入れ、少し諦《あきら》め、思い詰めずに、見る角度を変える…生きていることがうれしくなる一冊！

曽野綾子 〈敬友録〉「いい人」をやめると楽になる

縛《しば》られない、失望しない、傷つかない、重荷にならない、疲れない〈つきあい方〉。「いい人」をやめる知恵。

曽野綾子 〈安心録〉「ほどほど」の効用

失敗してもいい、言い訳してもいい、さぼってもいい、ベストでなくてもいい、息切れしない〈つきあい方〉

曽野綾子 現代に生きる聖書

何が幸いか、何が強さか、何が愛か、聖書から得る、かくも多くのもの。

曽野綾子 原点を見つめて

かくも凄《すさま》まじい自然、貧しい世界があったのか。しかし、私たちは、そこから出発したのだ。

祥伝社黄金文庫

曽野綾子

〈幸福録〉ないものを数えず、あるものを数えて生きていく

「数え忘れている〝幸福〟はないですか?」幸せの道探しは、誰にでもできる。人生を豊かにする言葉たち。

遠藤周作

私のイエス

イエスは、なぜ、十字架上の死を選ばねばならなかったのか…衝撃的な奇蹟《きせき》、戒律《かいりつ》、原罪の謎をやさしく解明する。

遠藤周作

生きる勇気が湧いてくる本

人生に無駄なものは何ひとつない。人間の弱さ、哀しさ、温かさ、ユーモアを見続けた珠玉のエッセイ。

遠藤周作

信じる勇気が湧いてくる本

苦しい時、辛い時、恋に破れた時、生きるのに疲れた時…人気作家が贈る人生の言葉。

遠藤周作

愛する勇気が湧いてくる本

恋人・親子・兄弟・夫婦…あなたの思いはきっと届く! 人気作家が遺した珠玉の言葉。

遠藤順子

70歳からのひとり暮らし

不満。退屈。心配。そんな暇はありません。遠藤流「やんちゃなひとり暮らし」は、こんなに楽しい!

祥伝社黄金文庫

瀬戸内寂聴
寂聴生きいき帖
切に生きるよろこび、感動するよろこび、感謝するよろこび、ただ一度しかない人生だから！

中村壽男
とっておき京都
絶景、史跡、名店…京都でハンドルを握って25年。この街のことならおまかせください。

小林由枝《ゆきえ》
京都でのんびり
知らない道を歩くと、京都がますます好きになります。京都育ちのイラストレーター、とっておき情報。

平澤まりこ
おやつにするよ
3時のごちそう手帖
気取ってなくて、安心できるおいしさで、いつでも口にできるとっておきのおやつたち。

杉浦さやか
ベトナムで見つけた
かわいい・おいしい・安い！
人気イラストレーターが満喫した散歩と買い物の旅。カラーイラスト満載で贈る、ベトナムを楽しむコツ。

杉浦さやか
東京ホリデイ
散歩で見つけたお気に入り
人気イラストレーターが東京を歩いて見つけた〝お気に入り〟の数々。街歩きを自分流に楽しむコツ満載。

祥伝社黄金文庫

杉浦さやか　よくばりな毎日

シティリビングの人気連載が、本になりました！　杉浦さやか流・毎日を楽しむヒントがいっぱいの1冊。

静月《しづき》透子　すっぴんスチュワーデス　教えてあげる！

上手な予約から声のかけ方まで、国内線、もっと楽しく気持ちよく。空港別インフォメーション付き。

静月透子　すっぴんスチュワーデス　人生は合コンだ！

寂しい、つまらない…こんな時は一念発起！　いろんな手段で新しい自分自身に出会っちゃいましょう。

静月透子　おじさん、大好き

「すっぴんスチュワーデス」シリーズの著者が贈る、待望の「おじさん」論。目からウロコが落ちまくる。

柏木理佳　スッチー式美人術

〝女の園〟で磨きあげたキレイに見せるテクニック。すべてお教えします！

柏木理佳　国際線スチュワーデスの美人に見せる技術

スチュワーデス直伝！　自分も周りも幸せになる美人術。今すぐできるのに、なぜやらないの？

祥伝社黄金文庫

柏木理佳　国際線スチュワーデスのリッチな節約生活

お金をかけずにリッチになれる方法、教えてあげる！この財産を生かさないのは、もったいない！

臼井由妃　幸せになる自分の磨き方

もったいない。もっとハッピーになれるのに。仕事。恋愛。お金。知性。みんな選んでいいんです。

佐藤絵子　フランス人の贅沢《ぜいたく》な節約生活

いま〈あるもの〉だけでエレガントに、幸せに暮らせる！　パリジェンヌの「素敵生活」のすすめ。

佐藤絵子　フランス人の手づくり恋愛生活

愛にルールなんてない。でも、世界に一つの〈オリジナル・ラブ〉はこんなにある！

佐藤絵子　フランス人の気持ちいい美容生活

いま〈あるもの〉だけで、こんなに美しくなれる！　高級コスメに負けない素敵なアイディアを満載。

佐藤絵子　フランス人の心地よいインテリア生活

狭いほうが、お金もかからず、楽しい。〈大きな深呼吸〉をさせてくれる部屋づくり。